食からの異文化理解

テーマ研究と実践

河合利光　編著

食からの異文化理解——テーマ研究と実践●目　次

第1章　食文化の視点

第3章 環境・開発と食資源

テーマ2

まえがき

世界の食文化をテーマとする本は、すでに相当数、出版されている。その内容もかなり充実してきたが、その主流は、食材、料理、食具の種類や意味を論じる料理文化論、味覚（味）や視覚（芸術性）に関心をもつグルメ論、食事の時間、場所、作法などの食事論、食の歴史など、食そのものの理解に関心がある。もちろん、これらは食を主題とする限り重要な問題である。しかし本書は若干視点をずらして、食そのものというよりは、食を通して、つまり食を切り口としながら、国際化する現代社会のさまざまな問題を考えようとするものである。

食は人間にとって生命と健康を維持するための基本的問題であり、その意味で生物学的に普遍的な営みである。しかし反面、しばしば指摘されるように、特定地域の個人・集団の嗜好・感覚・生活習慣・自然環境のみならず、政治・経済・社会情勢全般とも結びつく、複合的な社会文化現象でもある。それゆえ、食のテーマは、特定地域の社会と文化を総合的に理解するのに適した問題であるだけでなく、グローバル化に伴う異文化間の交流や変動、集団の葛藤や調整、地球環境等の諸問題を考えるのにも有用である。

本書の第二の関心は、単に異文化を理解する視点として食を取り上げるだけでなく、そこから得られた研究成果や視点を、どのように教育・研究指導、さらには社会的実践活動につなげていけるかについての可能性を探ることにある。もちろん、後に序章でも論じるように、異文化研究の指導方法、情報収集方法、フィールドワーク法などの技法に関するマニュアル的な書物は、すでに相当数、出版されている。けれども、多くは抽象的な議論に終始し、特に食研究をどのように教育、学習、実践につなげられるかについて、系統的かつ具体的にまとめた試みは少なかった。

本書は、もちろんマニュアル本の作成を目的とするものではないが、今後この分野への関心を深めるための手引書にもなりうるよう配慮した。そのため、初歩的な試みではあるが、フィールドワークで得られた資料を中心に、それぞれの視点から論じたテーマ研究を七編とりあげ、それを便宜的に「食文化の視点」「グローバル化と食のポリティクス」「環境・開発と食資源」の三つの章に分けてそれぞれのテーマの視点と目的を明確にするとともに、各章の内容と多少とも関連のある研究・教育・企業活動・国際援助の実践事例をコラム「異文化理解の実践」として各章に対応させた。さらに、各テーマ研究の末には読者の手引きになるような関連の「読書案内」を置き、巻末には文献紹介を兼ねた「注・引用文献」を設けることで、さらに深く調べられるよう配慮した。何らかの参考にもなれば幸いである。

河合　利光

序章
異文化の学び方

コリアタウンのNGOスタッフの説明を聞く中国とインドネシアからの留学生（写真左）たち（大阪生野区鶴橋駅前にて）

食文化ミニアルバム——欧米のケーキ文化

①

②

③

①バースデーケーキを切る男性。贈られたケーキは誕生日を迎える本人が切らなければならない（イギリス）
②アメリカ合衆国のバースデーケーキ。このケーキは、娘から父親に贈られたもの
③フランスのケーキ、ブッシュドノエル。祭りに出されるケーキ

（写真：① ②Bill Ezzard, ③川原崎淑子）

本書の課題と構成

河合　利光

1 異文化理解の課題

「異文化理解」という言葉は、初等中等教育の国際理解教育とか大学の国際交流（国際コミュニケーション）分野で、よく使われる傾向がある。幼児の英語教育の補足学習、大学の国際交流プログラムにおける語学学習と体験学習、留学生の語学学習と異文化適応への対応、さらには自治体の国際交流事業や移民・難民対策、企業の海外派遣社員とその家族への事前準備教育など、語学学習や交流事業の一環として実施されることもある。要するに、異文化理解は、グローバル化に対応するための実践的要請と関連のある言葉といってよい。

それに対して、筆者の専門とする文化人類学は、異文化を研究する典型的な分野として発達してきたし、現実に国際理解研究の基礎論を提供してきたにもかかわらず、積極的に異文化理解を標榜することは少なくなっている。それは、「異文化」という言葉そのものが自文化を排除するニュアンスをもつのに加え、他文化と自文化の異質性を強調することで、他文化をステレオタイプ的に捉える危険性を警戒するからであろう。さらには、むしろ多文化的視点とポリティカル・エコノミー（政治経済）を重視するあまり、文化そのものの概念をそれに還元して捨象してしまう近年の傾向とも関連があるかもしれない。語学も重視はされるが、あくまで研究の手段であって目的とは考えられていない。たとえ語学が堪能であっても、それを帰国子女問題とか国際交流事業、あるいは外国人労働者の異文化適応問題などの現実的課題の解決に応用しようとする人は多くなかった（ただし、この場合はむしろ、制度的にその状況が整っていなかったといったほうが、より正確かもしれない）。

本書は、必ずしも文化人類学者だけで執筆されているわけではないが、比較食文化論の立場から編集されており、食にかかわる問題には本来的に「文化」の視点が必要であるとする見解を維持する。同時に、異文化コミュニケーション論や国際理解教育の分野と歩調を合わせ、多様な人類文化の研究と相互理解をすすめる意味で、異文化理解教育的発想が必要と考えている。文化人類学自体も、徐々に変わりつつある。大学の交流事業に携わっている文化人類学者も少なからず知っているし、国際協力や世界の諸問題にセンシティブな世代も育ちつつある。逆に、現実のほうが文化人類学的実践と似通ってきている。

各教育団体や自治体で実行されつつある異文化交流の試みは、この分野と重なるところが多い。また、フィールドワーク的「体験」を重視する教育的風潮のなかで、たとえば、アジアの少数民族を訪問したり、外国人を招いて郷土料理と民族料理を食べながら英語教育と異文化理解教育を兼ねたりする試みなどが、多くないとはいえ着実に拡がりつつある。特に二〇〇三年から開始された小中学校の総合教育の試みのなかには、「遠足でアジア料理店を食べ歩き！[1]」のような、エスニック料理店での食事と取材を通して世界とのつながりを学ぶような実践的取り組みも開始されている。意識を変えなければならないのは、むしろ文化人類学のほうかもしれない。

「食文化」として一括される問題は、食物と食行動を中心として、それを取り巻く政治・経済・社会・生業・医療・宗教など多岐にわたるから、本書ですべてをとりあげることは不可能である。そのため、以下では、食と社会に関して相互に関連する三つの課題、「食文化の視点」（第1章）、「グローバル化と食のポリティクス」（第2章）、「開発・環境と食資源」（第3章）に限り、各章のテーマと内容の背景を概説しておくにとどめたい。

2 食文化の視点

(1) 文化の記述と比較

先述のように、かつては文化人類学の専売特許のように語られていた参与観察に基づくフィールドワーク法は、修正を受けながらも大きな拡がりをみせている。文化人類学、社会学、民俗学、地理学などの実習で農村漁村調査を行なうことは早くからあったが、最近では、大学でも、分野の枠を越えて、商店街の活性化支援と地域住民との相互交流、海外での現地異文化体験、あるいはエスニック料理店・幼稚園・福祉施設・病院・企業などでの参与観察の試みがみられるようになった(2)（本書でもその試みのいくつかが「コラム・異文化理解の実践」に紹介されている)。もはや、人文・社会科学の質的調査法として広く認知されたといえる。

しかし、異なる社会文化の研究の場合には、国内でのフィールドワークとは必然的に異なる問題が生じる。なぜなら、調査者の常識と概念枠組みを基準とし、しかも調査の媒体である言語の認識枠組みも異なるので、調査者と現地の人びとの間には、必然的にズレが生じるからである。調査地の社会構成、慣習、物、行動などの目に見える現象を、たとえ「客観的」に参与観察とインタヴューを通してノートにとり、あるいは録音テープに記録したとしても、それがそのままその「文化」を正しく捉えたことにはならない。なぜなら、たとえ見たまま聞いたままを記録したとしても、それはあくまで調査者の「常識」を基準として引き出されたデータであり、調査者の目を通して選択した結果だからである。同じ現象を見ても、調査者と被調査者はまったく異なる基準から解釈している可能性もある。さらに、被調査者の地域・集団の違いとか社会的立場や知識の多少により、同一のものでも見解が分かれることもある。そのため、異文化でのフィールドワーク（程度の差はあれ自文化にもいえるが）は、

写真1　イギリスの復活祭（イースター・サンデイ）でのディナーの様子
奥の男女がホストで、手前の男女がゲスト。両側のローソクの間にある中央の皿から銘々の皿にとって食べる
（写真提供：Bill Ezzard）

どこまでいっても「部分的真実」のつなぎあわせであり、調査者の着想をデータと突き合わせながら反復させる過程である。言い換えれば、フィールドワークは理解を深めはするが、いかにすぐれた調査であっても手探り的な作業でしかない。

たとえば、私たちが外国の西洋料理店へ行ってコース料理を調べたとしよう。それがアメリカ合衆国（以下ではアメリカと記す）であれば、まずアペタイザーが出て、次にスープかサラダ、さらにアントレ（一般に焼肉の前または主要料理の間に出す取り合わせ料理のことをいうが、アメリカでは主要料理を意味する）からデザートへ進むのが典型だろう。食事はメインディッシュとサイドディッシュからなり、肉・野菜・ポテトが主な食材である。また、アペタイザーとカクテル、コーヒーとデザートは食事（meal）とは考えられていない。このデータを他国と比較して、フランスではサラダがアントレの後に出されることを知ることもあろうし、国・民族・集団・個人の違いを超えて、西欧系文化では、前菜・メインディッシュ・デザートの時間配列に共通点があることもわかるだろう。

あるいはまた、順番に食事を運んでくるコース料理の給仕の仕方に注目し、それと日本の懐石料理との類似点に注目することで両者を「時間配列法」として一括し、さらに食卓の上に料理を一度に並べる「空間配列法」と比較して、それを別の類型と考えるかもしれない。けれども、それは、あくまで調査者の側の論理である。

これを別の角度から検討してみよう。まず、アペタイザーやデザートは、アメリカではなぜ食事の一部と考えられていないのだろうか。それはおそらく、ちょうど日本語でメシが食事一般を意味するように、古くは食事そのものが肉（meat）と呼ばれたことと関連があるだろう。ちなみに、現在でもデザート（あるいは単にスイーツ）はスイートミートと呼ばれる。それは、もともと赤肉（ミート）がメインの食事であり、前菜とデザート［食事の最後に出されるプディング、砂糖菓子、ジェリーなど］）は、その中心となる食事の前と後の両側（周縁）で出される別の「食事」（ミート）だったことを意味する。アペタイザーは、メインディッシュの食欲を促すというアメリカ的な思考の反映と考えられる。

このように、主要料理と前菜・デザートの位置づけの意味に注目するなら、そのコース料理は、ディナーを食べるとき食卓の中央（中心）に料理の大皿を置き、その食卓の周り（周縁）に対座した人びとが、銘々の皿にその料理を取り分けて食べる空間配列的な食事の仕方と、基本的な共通点があることがわかる（写真1参照）。

さらに調査を進めたとしよう。このとき、仮にアダムズが『肉食という性の政治学[3]』と呼んだような、メインディッシュの赤肉の男性的・中心的意味と、前菜・デザートの女性的・周縁的意味を発見したとする。このとき、あらためて、コース料理の「重い」肉料理と「軽い」野菜・果実・菓子のジェンダー化された意味が納得されるだろう。

それに対して、日本の懐石料理（というよりは宴会用の会席料理）の場合、細かい違いはあるが概して、最初に先付から始まり、メインとなる、お造り、焼き物・蒸し物・揚げ物などの料理が出て、主食であるご飯・味噌汁・漬物のような香の物は、時間的に「奥」のほうの、最後の水菓子の前に出てくる。このような給仕法は、最初に出される公的で豪華な飲食の宴会（懇親会や記念パーティなど）があり、その後、比較的私的で親しい人だけの二次会、三次会に流れる宴会の方式にも似ている。つまり、公的・表側の宴会から、しだいに私的・裏側・奥の側（昔の宮廷なら穏座と呼ばれたような）の小宴へと飲食の場を移動させる感覚に近い。このようにみると、懐石料理は、日本固有の認識を反映していることになる。

要するに、一口に「理解」といっても、さまざまなレベルがある。フィールドで得られたデータは、調査者の視点や新たなデータの発見により、さまざまに解釈され修正しうるものである。主要料理の出される時間的順序に注目すれば、西洋のコース料理と日本の懐石料理は一つにまとめられるし、その順序の意味に注目すれば、別個の文化的論理に従っている可能性も出てくる。つまり、給仕の配膳の仕方に注目すれば同じものに見えるが、文化の論理に注目すれば異なるものをひとまとめにして比較している可能性もある。

いずれにせよ、フィールドワークで集めた資料の整理作業そのものが、「調査者の見解」を記述分析する作業にほかならない。そのため、先学の研究論文や調査報告を参照し、調査者の理論や既成の理論的枠組みと突き合わせながら、自身の理論的立場や視点を明確にしたうえで記述する必要がある。それは「部分的真実」を追い求める、地味で果てしない試みである。そのような試みをフィクションと決めつけて詳細なデータ収集を放棄し、都合のよいデータだけを拾って大学者の流行の理論にあてはめ、壮大な哲学的論議をしたほうが、読者の関心と理解を得やすいかもしれない。しかし、大きな展望と見通しをもちつつ実施する比較的狭い範囲での社会文化の緻密で深い地道な研究の蓄積こそ、将来の大きな像（理論）を描くための前提条件であることは、銘記しておく必要がある。

（2）食の分類と認識

その意味で、一九六〇年代から一九七〇年代にレヴィ＝ストロースやダグラス等の残した業績は、画期的であったといわなければならない。[4] 前者は言語の文法から食習慣を理解しようとしたし、後者は個々の食事体系を一冊の本に例え、食体系を構造化されたシステムと理解した。その後、批判にさらされたことも事実であり、その理論をそのまま普遍化できないまでも、特定の社会の現地調査をすすめ、着想を得るためには、今でも有効な手がかりを与えてくれる見方の一つであると筆者は考えている。

いかなる社会でも、人は世界を分類する。動植物も、食べられるものと食べられないものに分けられる。ある文化で薬に分類されるものが、別の文化では単なる食材とみなされる。また、ある文化でご馳走とされるものが、別の文化では嫌悪される。これは多くの議論を呼んだポピュラーなテーマであり、本書の第1章で論じられているのも、基本的に分類と認識にかかわる問題である。そのテーマ1（清水芳見）では、ムスリムの宗教と食のタブーが論じられ、また、同テーマ2（阿良田麻里子）では、同じくイスラーム教社会であるインドネシア・ジャワ島にあるスンダ語の、日本語とは異なる固有の料理や調理のカテゴリーが明らかにされている。

もちろん、特定の概念のカテゴリー化には歴史性や政治性がつきまとうし、同じカテゴリーでも状況により社会的背景の違いにより、異なる意味を帯びることもある。たとえば、英語のステーキは牛肉、ビフテキ、魚の厚い切り身を意味するが、もともとは地上に立てた杭（スティク）に刺した肉の丸焼きのことで、特に牛肉は高い地位の象徴であった。

そのような歴史的・社会的な見方も、別の面から理解を深める重要な方法である。しかし、言語のカテゴリーが、文化的世界観や固有の思考様式を反映していることも事実である。たとえば、英語では、陸に棲む生物と海に棲む生物の間に対応関係が存在する。アンダーソン[5]は、犬（dog）とアブラザメ（dogfish）、ウサギ（rabbit）とラビットフィッシュ（rabbitfish　アイゴ科スズキ目の魚で顔がウサギに似ている）、キュウリ（cucumber）とナマコ（sea cucumber）、ハリネズミ（urchin）とウニ（sea urchin）、ライオン（lion）とトド（sea lion）などをその例としてあげている。彼らがウニを食べたくない理由も、なんとなくわかった気分になる。ちなみに、辞書によると、牛（cow）に対応する海の動物は海牛（cowfish　浅い海の岩の上に住む特定の軟体動物の総称で、イルカを指すこともある）とセイウチ（sea cow）である。

しかし、食の分類やカテゴリーの記述と分析は、異文化研究の必要条件ではあるが十分条件ではない。それ自体を研究の目的にすることもできるが、それでもって社会・経済・政治とダイナミックに交錯する食体系のすべてを説明できるわけではない。むしろ、フィールドワークを行なうために必要な手段であり視点の一つと心得るべきだろう。

3 グローバル化と食のポリティクス

(1) 食のグローバル化

先に述べたように、食体系は言語と同じではない。明らかに、人間の生物学的欲求や身体感覚、社会・経済・政治・技術・情報のネットワーク、あるいは食材の入手可能性や生態条件などと結びついた複合現象である。そのため、食とそれをめぐる行動も総合的視点から理解されなければならない。しかも、食そのものが、固執性をもちつつ外界との相互影響により絶えず変化する。とりわけ現代世界は、資本主義的な世界秩序の統合化・画一化と人口移動、多国籍企業化、トランスナショナリゼーションに伴うグローバルな食ネットワークの拡大が急速に進行しつつある時代である。

すでに一八八〇年代から冷凍船が導入され、たとえば植民地であったアフリカや南アメリカやオーストラリアのバター、肉、熱帯の作物などを西欧諸国に運ぶことが可能となった。国際経済の再編成が急速に進行し、第二次世界大戦以後、いわゆる食糧体制（food regime）が大規模化する。それは、多国籍企業の組織化や世界貿易機構の規制に、古い重商主義的植民地支配構造から移行した体制を意味する。[6]

生産者と消費者のグローバル・スケールでの食ネットワークの拡大は、ウォーラーステインのいう「世界システム」の再編成を促している。[7] 基本的には、世界システムは交易と相互作用によるネットワーク形成のポリティクス（政治・政略）の集合体であり、それを支配するポリティクス群の中核と、経済的に搾取され、政治的に依存する周縁的で多様な地域からなる（なんとなく、先述のコース料理の中心で出されるメインディッシュと、時間的にその前後の「周縁」で出される前菜・デザートの関係に似ている）。周縁部にもまた小さな核があり、その周縁地域に影響を与えるとされる。食の文脈でいえば、世界システムの中核において最も複雑な食文化を発達させ、周縁部になるほど、それが減少することになる。

そのような意味での世界システムは、古代のエジプト、メソポタミア、インド、中国の四大文明にもあったし、その後のイタリアのローマ帝国や、ミンツが『甘さと権力』[8]で示したような海外を植民地化した時代の西ヨーロッパにもあった。各地の食文化が、植民地化や奴隷貿易のような政治経済のせめぎあいのなかで歴史的に形成されてきたことは確かであるし、国家政策やナショナリズムと無関係であるわけでもない。極端な研究者のなかには、あらゆる伝統をポリティクスに還元し、それを過去とは断絶した創造文化であると主張する人もいる。しかし、それは、ポリティカル・エコノミーのシステム・レベルの分析を、地域に生きる人びとの文化レベルのライフシステムにまで還元する極端な立場といわなければならない。

本書の第2章テーマ1（林史樹）では、韓国へ渡った中華料理が、さらに別の文化に受容されたとき、どのような変化が生じるかを論じている。氏はそれを「現地化」と呼んでいる。第2章テーマ2（荒川正也）では、インターネット・サイト資料にマーケティング論的視点を取り入れながら、米国ロサンゼルスのメキシコ料理とイギリスのインド料理が、グローバル化する都市的・多民族的状況において、どのように新しい食文化として創造され、それが国家政策や民族アイデンティティと結びついているかを考察している。これらはいずれも、グローバル化と移民の歴史性、ポリティクス、および他文化との差異化や政治的・文化的抵抗とエスニック・アイデンティティ創出にかかわる問題でもある。

マクドナルドやケンタッキー・フライドチキンに代表されるファスト・フードによるアメリカ発のグローバル

化、いわゆる「マクドナルド化」は、リッツァ、ワトソン、シュローサー等の著書・編著の日本語への翻訳もあって有名になった。[9]しかし、日本の中華料理一つ考えても推測できるように、食のグローバル化は今に始まったわけではないし、グローバル化が欧米化を意味するわけでもない。

新聞によると、[10]日本のソフトパワー（軍事力・経済力のハードパワーに対する言葉）が「世界で爆発」しており、アニメ映画や漫画だけでなくカプセル・ホテル、回転寿司、朝の体操などの日本発の文化進出が進んでいる。[11]明らかに、食のグローバル化も、その動向の一部である。同新聞記事にはハウス食品（中国名・好待食品《ハオダイ》）が固形カレールーの中国市場を拓くため四〇〇万個から五〇〇万個を販売目標として実演販売する試みが紹介されていた。それは食のポリティカル・エコノミーとも重なるが、むしろグローバル・スケールでの食ネットワーク拡大の一部と考えるべきであろう。

とりわけ食物（食品）の場合には、ポリティカル・エコノミーを無視できない。しかも、現代では、地球上のどの民族文化も、程度の差はあれ貨幣経済化・市場経済化されているのだから、貨幣経済を無視して文化を語ることはできない。しかし、フィンとライト[12]が指摘するように、食物は地域の土壌、太陽、水のような自然条件に左右される。しかも、消費財であるので、生産地から食卓への流通のどの段階でも、他地域とは異なる技術的制約を受ける。さらに、消費者の生物学的欲求と生死にかかわる問題にも関与するので、食は特定の国・民族・集団・個々人の感覚や嗜好とも結びつく。筆者の言葉でいえば、食は総体的に変容しながらも、民族・集団・地域社会の生き方や価値体系とも結びついた、むしろアートに近い固有の認識体系とライフシステムに組み込まれている。

（2）食文化の創造と継承

それでは、非欧米諸国のグローバル化による食の多様化と変化は、世界システム化によって周縁化された側の人びとの文化的・政治的対抗とエスニック・アイデンティティ創出といったポリティクスの次元からどの程度説明できるだろうか。あるいは、筆者が時々行ったことのある焼鳥屋のメニューには、鶏肉やネギだけでなく、カンガルー肉やワニ肉まで含まれていたが、これを伝統文化とは断絶した創造文化・商業文化とみなすべきだろうか。ここで、参考のために、筆者が滞在したことのある南太平洋のフィジーの事例を検討してみよう。

フィジー共和国は人口約九〇万人の島嶼国である。ここには先住フィジー人と後にプランテーション労働者として移住したインド系住民とがほぼ同数住む。ほかにも比較的少数ではあるが、この国をかつて植民地統治したイギリス人の子孫、および中国・韓国系移民などが共住している。観光を主要産業とし、文化的・民族的・宗教的にも多様である。そのため、根菜作物を主食としてきた郡部のフィジー人村落でさえ、どの家庭にもナイフ・フォーク・スプーン・コップ・金属製鍋のような食具があるし、今や小麦粉・米・缶詰・醤油・食用油・バター・砂糖・紅茶・コーヒー・ジャガイモ・人参などの食物・嗜好品・調味料は欠かせない。インド人のもたらしたカレー・パウダー（ターメリック）は、さまざまな料理に使われている。即席ラーメンも必需品で国産化もされているが、韓国や中国からの輸入品も売られている。都会では、もちろん中華料理やインド料理など多様な食事が食べられる。

このように見ると、フィジーの食文化は、すでにハイブリッド（混交）化している。しかし先住フィジー人の意識では、今でも根菜類が「本当の食べ物」であり、しかも外国起源の食物も伝統食と対立するものではない。たとえば、彼らが昔から飲んできた「フィジーのスープ」（*suvu* と呼ばれる生姜科の植物の根をすりおろして、パンの実や貝と一緒に煮てつくるスープで、発音も似ているが英語からの借用語ではない）は、「カレーのような味」とされるし、粉ミルクや食用油は、ココナッツ・ミルクと用途が似ている。また、即席ラーメンも、野菜と一緒に煮るか、醤油で味付けして焼きそば風（彼らは中華料理のチャプスイと同一視している）に料理するが、スープの素は菓子のように別に食べる。これは、一袋一人前で食べるよりは、ライスや芋と同様に、対座して座る人びとの真ん中に置かれた皿の食物を、銘々が自身の皿に取り分けて食べる彼らの食習慣に適した料理法である。要するに、一見したところ変化してはいるが、味と用途に連続性があるわけである。

写真2と4は、死後一〇〇日目の死者供養のため、その家への贈り物の一つとして各家庭で焼いたパンとパイである。私たちの目には、祝宴用の食物のように見えるかもしれない。写真2のパンは、全体として円形であるが、縦と横の線を交差させた刻みが入れられ、格子状に区切られている。これは、写真3の町のパン屋のパンと基本的に同じで、全体的に上側から見て四角形のパンに分けられている（ただし店の経営者は先住フィジー人ではな

写真2　死後100日目の死者供養の贈答用の自家製パン（フィジー中部諸島州バティキ島）

写真3　市販のパン。経営者は中国系フィジー人、売り子は先住フィジー人。12個で日本円にしたら100円ほど。この店ではケーキも売るが、ココナッツ・ミルクを使用したシロップを塗る（フィジー、オヴァラウ島のレヴカにて）

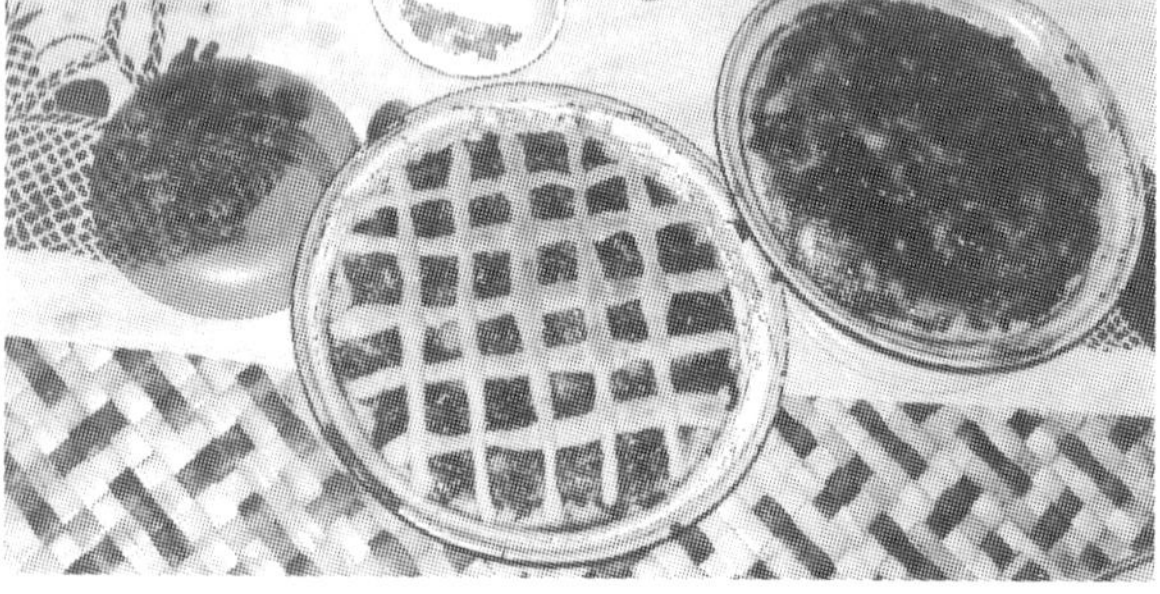

写真4　自家製のパイ。筆者に出されたものであるが、死者供養の贈答品としても使われた（フィジー中部諸島州バティキ島）

い)。同様に、写真4のパイにはジャムが塗られているが、中央の皿のパイの上には、さらに、小麦粉で格子状の模様が描かれている。

パンはパン種を入れて膨らませる点でパイから区別されるが、どちらも鍋で焼くときにはココナッツ油を敷くという共通点がある（こうすると、ベトつかないという)。さらに、小麦粉を練るときココナッツ・ミルクを入れるし、上塗りするジャムはバナナからつくられる。パンとパイの格子状のデザインは、写真4の皿の下に敷いてあるパンダヌスマットと同じであることに留意されたい。マットは白と黒の組み合わせのデザインで、それぞれの色は男性と女性を象徴し、その二色の組み合わせの連鎖は結婚（男女の結合）と新しい生命の発生（出産）の反復を意味する。また、白と黒で織り成す格子状のデザインは、上から下へ、祖先から子孫へと流れる血と生命のつながりを象徴する。それゆえ、そのパンとパイは、死者の供養のための贈り物として、ふさわしい食物になると考えられる。

ここから次のようなことがいえるだろう。つまり、世界システム論的立場から「客観的」に見て、歴史性（由来）と目に見える個々の物質的要素を「文化」と定義し、イギリスの植民地になったフィジーが独立後もその西欧的政治経済の圧倒的な影響力にさらされて周縁化されていることから、その優位（中心）の文化を受け入れてハイブリッド化（クレオール料理化）した食べ物と解釈するなら、そのパンとパイは過去の伝統からは断絶した「新しい伝統」である。しかし、「文化」を特定集団により多かれ少なかれ共有される価値観と認識の体系と規定するなら、それらは伝統的に儀礼で贈与されてきたパンダヌスマットの伝統の延長であり、味・ココナッツ・バナナのような食材と用途とも連続的な関係にある。少なくとも現地の人びとにとって、見かけは大きく西洋化されているが、一部の研究者が主張したような単なる西欧文化の模倣でも他文化・他民族への対抗意識から創造したものでもない。住民の目から見ればあくまで「真正」の伝統の延長である。それゆえ、それらは「フィジーのパン」（バニ・ヴァカヴィティ）であり「フィジーのパイ」（パイ・ヴァカヴィティ）であって、欧米のパンやパイとは区別されるべきものである。

同様のことが、おそらく西欧系文化の伝統についてもいえる。たとえば、パンをめぐる食文化も、大きな政治経済の変動による創造と変容の波にさらされてきた。まずホットドッグは、ドイツ移民がアメリカにそれを持ち込んだのが始まりとされる。その名前の由来としては、見た感じがダックスフント（胴長短足の犬）に似ているとか、かつては犬肉を挟んだからという説があるが、はっきりしない。パンの塊をスライスパンにして売り出したのもサンドイッチを発明したのも、アメリカ人とされる。あらかじめスライスにしたのは、持ち歩ける簡便さが、効率性と合理性を求めるアメリカの伝統と重なるというわけである。[13]

けれども、そのような創造文化も、先に述べたコース料理や、陸の生物と海の生物を対にして考える「伝統」に突き合わせて考えてみると、ホットドッグやサンドイッチばかりでなく最もアメリカ的とされるマクドナルドのハンバーガーでさえ、中央の肉を「両側から」野菜やパンで挟むという共通の特徴がみられることがわかる。もちろん、挟むのは肉ばかりではない。ブドウやピーナッツ、あるいは野菜を挟むサンドイッチも出てくるが、それはもう少し先のことである。

以上は筆者が論理的に引き出した図式にすぎず、またここで詳細に論じる余裕もないが、少なくとも、それらの間になんらかの「文化的」連続性を想定することはできるだろう。ここで強調しておきたいのは、文化はローカルに、あるいはエスニックに共有される認識にかかわる問題であり、変化し多様化し再編成されつつも、みかけの変化を超えて持続する傾向もあるということである。

（3）市場と商店街――食の結節点――

市場や商店街は、いうまでもなく、国内のみならず海外からの食資源が集積され再分配される結節点である。逆に、市場や商店街は、地域社会に住む各家庭と世界とを結ぶ結節点でもあるから、地域社会の価値観が色濃く映し出される場でもある。同時に、家庭生活は市場と連動している。沖縄や韓国の食品市場に行けば豚の頭が店先に並んでいるのを見かけるであろうし、インドやギリシャの市場へ行けば、男性が買い物籠を下げて食材のショッピングをしている姿を多く目にするかもしれない。それゆえ、本書のコラムにも紹介されているように、市場や商店街は貴重な総合学習や異文化理解の場ともなる。

最近、『築地――世界のセンターの魚市場』[14]を著したハーバード大学の文化人類学者のベスターは、東京築地のフィールドワークから、グローバルな食ネットワークの結節点であるこの世界最大級の魚の中央卸売市場が、経済的取引の場であるだけでなく、どれほど日本人の食文化、および生活様式と社会文化の伝統に組み込まれているかについて論じた。

ここで特に興味を魅かれるのは、アメリカの市場では不法な高利貸しやギャンブルが関与することが多く、ボスが取り仕切り、価格を固定し、恐喝や脅迫で市場をコントロールするが、「築地は聖人が住んでいるわけではないのに、市場の売買が外部の犯罪組織に規制されることもなければ、地下組織により解決されているわけでもない」[15]と指摘していることである。それは、食資源の離合集散の結節点としての市場の「空間」の意味そのものが、固有の政治・経済・文化生成の場であることを象徴しているように思われる。

第2章テーマ3（髙正子）では、朝鮮半島にルーツをもつ人びとが多く住む大阪市生野区の商店街の様子が記述されている。この商店街は、一九八六年の大阪の街再生事業のなかで「コリアタウン」と名称が変更された。著者は、市場・商店街の変化を通して、生活文化と民族文化の変遷と生成の過程を明らかにしている。

4 環境・開発と食資源

現代は国際化・情報化の時代といわれる。一般にそれはヒト・モノ・情報の交流の拡大と語学学習の次元で語られることが多い。しかし、グローバル化の問題は人類の生存そのものを語ることでもあると筆者は考えている。異文化理解も、人間と文化の肯定的側面だけでなく、そこから生じる現代社会の諸問題をも問うものでなければならないだろう。

世界の飢えた人びとへの食糧援助にかかわる異文化研究は、アメリカ合衆国の文化人類学者を中心として、一九三〇年から一九四〇年代に取り組みが開始された。よく引き合いに出される例は、ミルクの国際援助である。アメリカやカナダは、食糧不足の国々に救援物資として粉ミルクを届けた。しかし、コロンビアやグァテマラではそれを漆喰塗りに使い、インドネシアでは下剤として使った。西アフリカの一部では、それを悪霊の食べ物と信じた。その他の多くの人びとは、捨ててしまった。さらに、飢えを減らすどころか、ミルクが腹痛や嘔吐のような病気を引き起こす人びともいた。一九六五年に、それがミルクを消化できないラクターゼの欠乏によるアレルギーであり、ミルクの飲めない民族も多いことが明らかになったが、その後もしばらく粉ミルク援助が続けられていたという[16]。それは、ミルクを日常的に飲む人びとのエスノセントリズム（自民族中心主義）を示す一例でもある。

ところで、市場は食資源の集積と分配の結節点といえるが、市場が食卓と世界を結ぶという視点は決して新しいものではない。日本でも多国籍企業の実態をフィリピンのバナナ農園を中心に報告した鶴見良行の『バナナと日本人』[17]（一九八二年）以降、そのグループを中心に受け継がれてきた研究の流れがある。第3章テーマ1（浜口尚）で論じられているフィリピン、タイ、インドネシアの東南アジア三国のエビ養殖の事例も、その流れの延長線上にある。しかし、本論では、それを批判的に見るというよりは、食資源の持続的利用と環境保護の両立という立場から論じられている。食資源のサステイナビリティ（持続的利用）は食の消費（食卓）とも直接つながるテーマであり、食文化論としても重要であろう。

この問題は、先に説明した世界システム論や食ネットワーク論（食システム論）とも必然的に結びつく。多国籍企業化や脱植民地化の進展は、開発と食資源の不平等を生み出す。豊かな国が購買力に任せて食資源を集めれば、その日の食べ物にも困る貧しい国・民族も出てくるだろう。その人びとが現金獲得のため開発をすすめれば、その結果、環境汚染で生活の場を失う人びともいるかもしれない。開発や環境の問題は、その意味で、食を含む人びとの暮らしと密接な関連がある。

第3章テーマ2（石井洋子）で報告する東アフリカのケニアも、国際協力により開発が進められ、大きく変化した国の一つである。小論では詳述する余裕がないので、以下では、環境と食資源と食のグローバル化が、ワトソンとカルドウェルの編著の表題でいう『食物と食事の文化的ポリティクス』[18]とどのようなかかわりがあるかについて、アメリカの場合を中心に、概略的に紹介するにとどめたい[19]。

まず、世界の人口の推移をみてみると、一九〇〇年から一九九〇年の九〇年間に、人口は約二〇億人から約六二億人へと、およそ三倍にも増えている。その人口増加を支えたのが、灌漑化、化学肥料の使用、新品種の開発を可能とした科学技術の発達であった。

一九五〇年代までは、科学テクノロジーは人びとに大きな夢と希望を与えた。しかし、一九六〇年代から一九七〇年代になると、食糧増産率よりも人口増加率のほうがはるかに高いことがわかり、食糧危機と科学技術の発達の必要性が叫ばれた。しかし、他方で農薬等の弊害も目立つようになり、当時ヒッピーと呼ばれた若い世代を中心に、反科学主義的・反合理主義的な「対抗料理運動」（カウンターカルチャー運動の一つ）が起こった。

彼らは有機栽培農法に関心をもち、自然食品を愛好し、さらには異文化（特にアジア）にも憧れをもった。それは周縁の異文化を「自然」と見る異文化観に関係があったと考えられ、自然の状態で栽培された食品こそ健康的とみなす考え方とも対応している。また、白い食物（白いスライスパン、白砂糖、剥いたリンゴなど、かつては健康と高い地位を象徴する色であった）を拒否して褐色の食物（褐色パンなどを指し、日本でいえば白米に対する玄米食のようなもの）を好み、協同組合、自然食スーパーマーケット、新アメリカ料理レストランの設立などを働きかけた。

そのヒッピーがヤッピー（都会に住む専門職高収入者）とかニューエイジャーと呼ばれる世代になった一九八〇年代に、その外国文化への憧れと自然食愛好がエスニック料理へ移り、その後のブームの下地となったといわれる。

食糧危機は、一九八〇年代の、いわゆる「緑の革命」（暴力による血の革命に対する言葉）により一応免れた。メキシコの国際トウモロコシ・小麦改良センターで新種の短茎型小麦が、続いてフィリピンの国際稲作研究所で稲の新品種が開発されると、それが世界中に移植されることで、三倍に増えた世界の人口を支えることになる。

第3章テーマ2で紹介されているケニアでも、八〇万ヘクタールが新品種に切り替えられた。しかし、そこで論じられているように、開発に伴うさまざまな問題があり、世界の飢えと食糧問題が解決したわけではない。また、化学肥料による環境汚染、特に一九九〇年代以降に問題化する遺伝子組み換え食品、最近のＢＳＥ＝牛海綿脳症（いわゆる狂牛病）や鳥インフルエンザなど、多くの問題が残されている。

一九八六年にイタリアから始まるスローフード運動の世界的拡がりにも現在の健康ブームの背後にも、明らかにそのような不安な時代における反合理主義や反科学主義が伏在している。食文化も、開発・環境・食資源をめぐる世界の動向と無関係ではないのである。

おわりに

食はもちろん身体内に摂取するものであるから、自身の健康維持にかかわる問題である。しかし、他方、それは自身の住む生活領域と世界を結ぶものでもある。

二〇〇五年には、食育基本法案が成立し、政府は、わが国の子どもたちが健全な身体と心を養い、生涯にわたり生き生き暮らすことで未来や国際社会にはばたくことができることを謳っている。しかし、それを単に、わが国の栄養教育、保育、医療、福祉、保健の充実のみに還元すべきではない。自身の健康は諸外国とのつながりのうえに成り立っており、それゆえ子どもの健康も諸外国の子どもの健康（あるいは不健康）と無関係でないことを、心に銘記しておかなければならないからである。食からの異文化理解の意義の一つは、その自覚を促すことにあると考えられる。

【読書案内】

石毛直道監修（吉田集而編）『人類の食文化　第一巻』味の素文化センター刊、農村漁村文化協会、一九九八
石毛直道監修『講座・世界の食文化』全二〇巻　農村漁村文化協会、二〇〇三―刊行中
河合利光編著『比較食文化論―文化人類学の視点から』建帛社、二〇〇〇
西江雅之『「食」の課外授業』平凡社新書、二〇〇五
森枝卓士・南直人編『新・食文化入門』弘文堂、二〇〇四

第1章
食文化の視点

右上：ベトナムの食材市場（写真：梶原伸介）
左下：ベトナムの春巻・ゴイクン（写真：川原﨑淑子）

食文化ミニアルバム――エジプトのパン

エジプトでは「古代エジプト」より現代まで、パンは食べ続けられ、その場においていろいろな意味を伝えてきた。エジプトでは、一般にパンを「エイシュ」と呼ぶが、彼らの使うアラビア語のパンの一般名称は「ホブズ」や「ラギーフ」である。エイシュの語義は、生命、人生、生活であり、この言葉をパンにあてているのである。エジプトの人びとのパンに寄せる思いといえるだろう。

①

②

③

④

①店先に並べられたいろいろなパン

②エイシュ・シャムシー（上エジプトで作られている自家製パン）。パン生地を日干しするところから、エイシュ・シャムシー（太陽のパン）と呼ばれる

③路地に売りに出されたエイシュ・シャムシー

④ラマダーン（断食の月）中の食事。屋外に持ち出して、村人が集まって食べる

（文・写真：奥野克己）

テーマ1

食のタブー　何を食べ、何を食べないのか

――ムスリム社会の場合――

清水　芳見

はじめに

近年、多くの日本人が仕事や旅行で海外へ出かける一方、たくさんの外国人が日本へやって来るようになった。一九八〇年代後半から、労働目的の外国人の数が急増し、それにともない、在日ムスリム（イスラーム教徒）の数も急増する。短期の旅行者まで含めれば、その数はかなりのものになるにちがいない。つまり、それまで日本人にあまり縁のなかったイスラームという世界宗教の一つを信仰する人たちと、ふだん接する機会がいちだんと増したのである。今やあちこちで見かけるようになった、いわゆるエスニック料理店のなかにも、トルコ料理店やパキスタン料理店など、ムスリムが人口の大部分を占める国々の料理を出すレストランが存在する。

筆者の現在の勤務先の大学にも、ムスリムの同僚が数人いて授業をしている。筆者が彼らと食事をともにするときに気をつかうのは、ムスリムにとって食用可能な食材で料理がつくられているかどうかという点である。もともと大学の食堂は、ムスリムの人たちが食べることのできる料理が少ないのだが、あるとき野菜カレーなら大

丈夫だろうと、食堂の人に肉の有無を確かめたうえで注文した。すると、しばらくして、料理自体に肉は使われていないものの、カレーのルーに肉のエキスが入っていることがわかり、食堂の人があわてて知らせに来た。急

図1　ヨルダンと周辺の国々

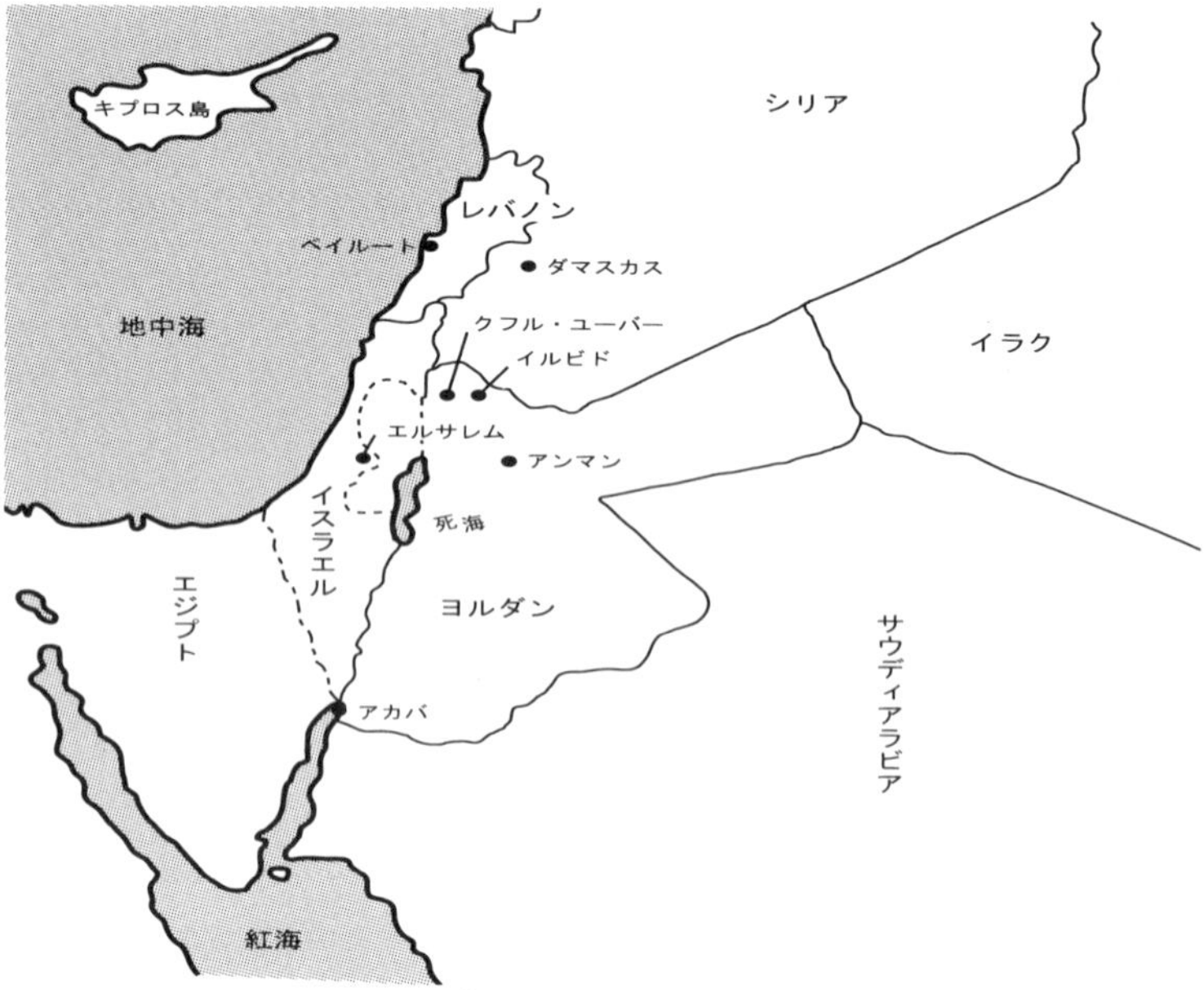

図2　ブルネイと周辺の国々

遽ほかのものに注文し直さざるをえなくなってしまったのである。なぜ肉や肉のエキスが入っているとまずいのか、これはまさに本稿のタイトルである「食のタブー」によるものにほかならないのだが、詳細はあとの節で説明する。

本稿の目的は、ムスリム社会の食のタブーについて、記述・考察を行なうことにある。ここで取り上げる事例は、筆者が長期の現地調査を実施した、ヨルダン・ハーシム王国（以下、たんにヨルダンという）およびブルネイ王国（以下、たんにブルネイという）に関するものが中心となる。[1]

これら二つの国は、ともにイスラームを国教とし、王家が預言者ムハンマドにつながる家柄であることを主張する王国で、その人口の大部分をムスリムが占めるという共通点をもつ一方、[2]ヨルダンはステップ気候および沙漠気候帯に、ブルネイは熱帯雨林気候帯にあるというように、その風土は非常に対照的である。また、イスラームが伝播した時期を比べてみても、ヨルダンが位置する地域がイスラーム勃興直後の七世紀であるのに対し、ブルネイは一四～一六世紀といわれている。[3]つまり、イスラーム世界[4]のなかでも、前者はイスラームの伝播が比較的早かった地域に属し、後者は比較的遅かった地域に属するということになる。しかも、ブルネイの場合、一九九一年から二〇〇〇年までのあいだに四九〇六人がムスリムに改宗していること[5]からもわかるように、いわゆる「イスラーム化」が現在も進行中である。

1　イスラームにおける食のタブー

(1) クルアーン（コーラン）で禁じられた飲食物

イスラームでもっとも重要な啓典クルアーン（「コーラン」はヨーロッパ語訛り）には、次のように、ムスリムが食べたり飲んだりしてはならないものが記されている。

「汝らが食べてならぬものは、死獣の肉、血、豚肉、それからアッラーならぬ（邪神）に捧げられたもの、絞め殺された動物、打ち殺された動物、墜落死した動物、角で突き殺された動物、また他の猛獣の啖ったもの――（この種のものでも）汝らが自ら手を下して最後の止めをさしたものはよろしい――それに偶像神の石壇で屠られたもの」（第五章三節）[6]

「これ、汝ら、信徒の者よ、酒と賭矢と偶像神と占矢とはいずれも厭うべきこと、シャイターンの業。心して避けよ。さすれば汝ら運がよくなろう」（第五章九〇節）

食べ物の禁止規定は、最初の第五章三節のほかにも、第二章一七三節、第六章一四五節、第一六章一一五節に同様のものがあるが、豚肉のタブーは、旧約聖書のレヴィ記に記述が見られるように、ユダヤ教にも存在する。[7]イスラームやユダヤ教で豚が嫌悪される理由については、諸説がある。たとえば、「寄生虫による病気を避けるため」[8]であるとか、「豚肉を食べるキリスト教徒との違いを明確にするため」[9]であるとか、「豚が反芻しない動物で、飼育が中東の風土に適していない」[10]とかといったものだが、そのほかにも、レヴィ記の分析を行なったイギリスの人類学者ダグラス（Mary Douglas）は、分類の論理からして、豚が中東に見られる他の家畜にくらべて異色の存在であることが嫌悪される理由だと主張する。[11]こうしたさまざまな説があるものの、ムスリムが一般に理由としてあげるのは、豚が不浄な動物という点である。

クルアーンの記述にある豚肉以外の肉で食べてはならないものを見ると、それらに共通しているのは、ムスリムがアッラーの名を唱えて頸部を切断して屠殺したのではないという点である。ただ、ムスリムがアッラーの名を唱えて頸部を切断し殺せば、豚以外のどのような動物の肉でも食べてよい、というわけではない。この点については、次項と次節で詳述する。

また、頸部の切断方法も、細部に関してはイスラームの法学派によって意見が若干異なっている。[12] たとえば、スンニー派の場合、四大法学派の一つであるハナフィー学派は、食道、気管、そして首の主要な血管のほとんどを切る必要があるとしているのに対し、シャーフィイー学派は、食道と気管の切断の必要性を強調したうえで、さらに二本の頸静脈を切り離すのが望ましいとする。やはり四大法学派の一つであるマーリク学派は、二本の頸静脈を切断すれば十分としている。一方、シーア派のある一学派は、二本の頸動脈と二本の頸静脈の切断が必要との立場である。[13]

写真１

写真２

写真１、２　ヨルダンの村、クフル・ユーバーにおける羊の屠殺とブルネイの村、パンカラン・バトゥにおける水牛の屠殺（いずれも、マッカ〈メッカは西欧語訛り〉巡礼終了を祝う祝い事にて）。供犠にする動物として、前者では羊が、後者では水牛がもっとも一般的

酒（アラビア語のハムル khamr）は、クルアーンの第一六章六七節で、「また棗椰子《ナツメヤシ》の実、葡萄などもそのとおり。お前たちそれで酒を作ったり、おいしい食物を作ったりする。もののわかる人間にとっては、これはたしかに有り難い神兆ではないか」と、むしろ好意的に見られていることから、最初から禁じられていたわけではないようである。それが、第二章二一九節では、「酒と賭矢についてみんながお前に質問して来ることであろう。答えよ、これら二つは大変な罪悪ではあるが、また人間に利益になる点もある。だが罪の方が得になるところより大きい、と」となり、第四章四三節では、「これ汝ら、信徒の者、酔うている時には、自分で自分の言っていることがはっきりわかるようになるまで祈りに近づいてはならぬ」となって、ついには、前掲の第五章九〇節にあるように、理性を失わせるものの一つとして強く非難されるにいたった、と考えることができる。

この第五章九〇節の啓示に従い、スンニー派もシーア派も原則として飲酒を禁じている。ムスリムによる酒類の製造や販売も許されていないが、クルアーンにある酒＝ハムルの範囲については、法学派によって見解に相違が見られる。ハムル以外のアルコール飲料の場合、スンニー派のシャーフィイー学派、マーリク学派、ハンバル学派（四大法学派の一つ）とシーア派はいっさい認めていないものの、ハナフィー学派は、薬用として飲むのは許容範囲であるとしている。(14)

現在のイスラーム世界で支配的な考え方は、少なくとも嗜好品としてアルコールが入った飲料を飲むことは許されない、というものであろう。サウディアラビアやイランのように、イスラーム法を国家法としている国々では、外国人を含め、ムスリムでない者に対しても禁酒が義務づけられている。一般にイスラーム法では、飲酒を行なったムスリムに対しては、八〇回の笞打ち刑が課される。(15)

以上あげた、豚肉、それ以外の食べてはならない肉、酒類に関しては、肉そのものを食べたり、酒類そのものを飲んだりすることだけでなく、そうした肉のエキスが入ったものや、奈良漬け、ブランデー入りのケーキのような酒類が使われている食べ物を食することも禁止されている。酒類は、人を酔わせる可能性があるかぎり、量の多少にかかわらず、いっさい許されないことがわかる。実際、かつてサウディアラビアで、ノンアルコール・ビールにごく微量のアルコールが含まれていることがわかったため、販売禁止になった例がある。「はじめに」で述べた、筆者の勤務先の大学の食堂にムスリムの人たちが食べることのできる料理が少ないというのは、このような事情による。

(2) 飲食の可否を基準にした飲食物の分類

イスラーム法学者は、一般に飲食物を四つのカテゴリーに分類している。ただ、前項(1)で、頸部の切断方法や酒類に関する法学派による見解の違いを記したように、同じものでも、法学派によって分類の仕方が異なる場合がある。筆者が一九九二年に動物観に関する調査を行なったヨルダン北部のアラブ・ムスリム村落クフル・ユーバー[16](Kufr Yūbā)の人たちの意見も記しながら、一つずつ見てゆくことにしたい。

①ハラーム(*ḥarām*)

ハラーム[17]はイスラームで飲食が禁じられているもので、前項(1)であげたクルアーンの第五章三節に記されたものや、人を酔わせる可能性のあるアルコール類は、いうまでもなくこのカテゴリーに入る。

クフル・ユーバー在住者の一人は、これらのほかに、食するのがハラームな動物として、犬、猫、ロバ、猿、カエル、亀、蛇、トカゲ[18]、カメレオン、コウモリ、狐、鷹、フクロウ、オウム、サソリなどをあげており、さらに、狼や熊などの猛獣のような、肉を食べる動物も、すべてハラームであるとしている。このうち、狐については、イスラームの法学派のうち、ハナフィー学派はハラームとの見解をとっているが、シャーフィイー学派では、次の②で述べるハラールとされている。[19]ちなみに、預言者ムハンマドは、歯で獲物を捕まえる四足動物のすべてと鉤爪(かぎづめ)で獲物を捕らえる鳥のすべてについて、食べることを禁じたという。[20]

また、この村人は、ハラームかどうか不明のものとして馬や鯨をあげたうえで、これらは少なくともクフル・ユーバーでは食べないと述べたが、馬については、別の村人は、ハラームだとしている。イスラーム法学では、ハナフィー学派とマーリク学派で馬はハラームとされ、シャーフィイー学派ではムバーフ（次項③で述べる）とされる。[21]

なお、最初の村人は、ハラームな食べ物であっても、これを食べないと死ぬというようなときは、食べることが許されるとも述べており、そういうときは人肉でも食することが可能だという。

②ハラール (*halāl*)

ハラール[22]は、イスラームで飲食が許されるものをいう。動物では、食するのがハラームとされている動物以外のもので、アッラーの名を唱えて頸部を切断し屠殺したものをさす。食するのがハラールとされている動物でも、このやり方で屠殺していなければ食べることはできない。したがって、鶏肉や牛肉でも、このやり方で屠殺していなければ食べられないということになる。日本でムスリムの人たちが苦労するのは、このような理由による。

前記の最初の村人によると、食するのがハラールな動物としては、羊、山羊、牛、ラクダ、ニワトリ、アヒル、ガチョウ、ナイチンゲール、小鳥、鳩（実際に食べるのは小鳩）、ハリネズミなどがあり、このうちのハリネズミは、とくに病後に食べるとよいとされているという。また、ハイエナについて、彼は、小便のかかる後足は不浄なので食べることはできないが、前足はハラールであるとした。[23]ハイエナは肉食動物であるから、この点、食するのがハラームな動物に関する「肉を食べる動物はすべてハラーム」という彼の発言と矛盾する。イスラーム法学から見ると、ハイエナは、ハナフィー学派ではハラームとされているが、シャーフィイー学派ではハラールとなっている。[24]

③ムバーフ（*mubāḥ*）

ムバーフは、宗教的に見て「良くも悪くもない」といった類のもので、飲食物では、飲食することが可能なものをさす。クフル・ユーバーでは、同じ意味で、ムバーフの代わりにムスタハッブ（mustaḥabb）という語を用いるのがふつうであった。前記の最初の村人は、食物としてムバーフに分類される具体的な動物名をあげなかったが、既述のように、イスラーム法学派のなかでも、シャーフィイー学派は馬をムバーフと規定している。また、同学派では、クフル・ユーバーの人たちが食用としているウサギもムバーフとみなされている。[25]

写真3　クフル・ユーバーの結婚式で出されたメンセフ（羊肉のヨーグルト煮込み）。村人が食べる肉のなかでは、羊肉と鶏肉が多い

写真4　パンカラン・バトゥでふだんの食事に出される料理。肉は、鶏肉、牛肉、水牛の肉のいずれか。煮込みがふつうで、野菜もよく食べる

④マクルーフ（*makrūh*）

マクルーフは「好ましくない」もので、飲食物では、飲食しても宗教的に罪にはならないが、できたら飲食を避けたほうがよいものをいう。食物としてマクルーフに分類される動物についても、最初の村人は、とくに具体名をあげなかったが、イスラーム法学では、たとえば、昆虫はすべてマクルーフである。(26) もっとも、クフル・ユーバーの人たちは、昆虫をまったく食べない。

2 ムスリムの食生活

（1）豚肉・酒事情――ヨルダンとブルネイの場合

ここでは、イスラームでハラームとされる飲食物の代表である豚肉と酒類が実際にどのように取り扱われているかを、ヨルダンとブルネイの場合について見てみることにしたい。なお、ここで述べることは、主として筆者が長期の現地調査を実施した時期（注1参照）のことになる。

ヨルダンでは、豚肉も酒類も販売されている。豚肉は、一九八六年から一九八八年にかけて筆者が客員研究員をしていたヤルムーク大学が位置する北部の都市イルビドの場合、キリスト教徒が経営するスーパーマーケットで、外国製の冷凍肉やベーコンの缶詰などが売られていた。ただ、一般のムスリムが行くような街の肉屋には、豚肉は置かれておらず、レストランも、当時アラブ料理店しか存在しなかったこともあり、キリスト教徒経営のところも含め、豚肉を使った料理を出すところはなかった。首都アンマンでも、中華料理店でさえ豚肉料理を出すところはほとんどなく、出てくるのは、たとえば、酢豚の代用と思われる酢牛や酢鶏であった。そのため、総人口に占めるムスリムの割合が非常に高いこの国では豚肉を手に入れるのは容易でない、という印象を筆者はもっている。

酒類に関しては、キリスト教徒が経営する会社がワインやアラク[27]などを製造しているが、ビールはヨーロッパのビールのライセンス生産で、オリジナルのものはない。酒屋も、数は多くはないが、キリスト教徒が経営するものが存在する。首都アンマンや観光地のホテル、とくに外資系の高級ホテルでは、レストランで酒類を飲むことが可能である。ただ、イルビドは、ヨルダン第三の都市であるにもかかわらず酒類を出すレストランは非常に少なく、ホテルも三星クラスが同地の最高級ということもあり、酒類を出すところは限られている。酒屋も、一九八六年から一九八八年にかけては二軒ほどであった。

ヨルダンでは、ムスリム同胞団を中心とするイスラーム系諸政党が大躍進した一九八八年の下院総選挙後、イスラーム主義者が提出した禁酒法案が国会で可決されたが、発効はされないままに終わった。法案発効には、国家元首である国王の署名が必要だが、当時のフサイン国王は署名を引き延ばし、結局、次の選挙でイスラーム系諸政党が敗北したことを理由に署名しなかったのである。しかし、一九七九年のイラン革命以降、同国で、いわゆるイスラーム回帰の傾向が強まったことは確かであり、このことが、レストランなどが酒類を出しづらい状況をつくっているのかもしれない。たとえば、筆者は、長期の調査に従事していたころ、キリスト教徒が経営するイルビドのレストランでビールを注文したことがあった。そのとき店主から、グラスの中身はふつうのビールだが、横にノンアルコール・ビールの空き缶を置かせてほしいといわれている。

一方、ブルネイでは、豚肉の販売はされてはいるが、酒類の販売およびレストランやホテルなどでの提供は一九九一年から禁じられた。同国でも、イスラーム回帰の傾向が強まったことをそれは示している。酒類の製造は、ライセンス生産も含め、もともと行なわれていないが、現在は酒屋やバーも公には存在しない。ムスリムでない者に対しては、入国の際に一定量の酒類の持ち込みが認められているものの、ムスリムは、外国人も含め持ち込みは許されていない。したがって、サウディアラビアやイランのように、ムスリムでない者に対しても禁酒が義

写真５　クフル・ユーバーの肉屋。この子ラクダも屠殺を待つ

務づけられているわけではない。筆者が調査を行なったブルネイ・ムアラ県南部に位置するマレー・ムスリム村落パンカラン・バトゥ[28]（Pangkalan Batu）は、マレーシア（サラワク州）との国境の一つまで約一〇キロメートルのところに位置しており、時々筆者は車でその国境まで行き、徒歩でブルネイ側からマレーシア側に入って、国境の町で酒を買った。そのマレーシア側の国境の小さな町トゥドゥンガンは、出入国管理の検問所の前が飲み屋街になっており、ここで、酒を飲み、さらに酒を買ってブルネイに持ち込むわけである。

豚肉に関しては、総人口に占める華人の割合が高いこともあって、[29]人口三〇万人あまりの小国であるにもかかわらず、国内には中華料理店が多く、豚肉を使った料理もふつうに出されている。大きなスーパーマーケットのなかには豚肉や豚肉を使った製品が置かれているところもあるが、特別なコーナーが設けられていて、他の食料品からは隔離されている。したがって、ヨルダンとは異なり、豚肉や豚肉を使った製品が手に入りにくいとか、レストランで豚肉を使った料理を食べることが難しいとかいう状況ではない。中華料理店以外にも、日本料理店、韓国料理店、フィリピン料理店などで豚肉を使った料理を食べることができる。

（2）ハラールの基準は何か

前節で、ハラールは「イスラームで飲食が許されているものをいう」と述べたが、同じものでも、イスラームの法学派によって、ハラールと見なされることもあれば見なされないこともあるとも記した。ところが、同じ法学派が主流派となっている国でも、かならずしもハラールの基準は同一ではなく、また、同じ国でも宗教指導者によって解釈が異なることがしばしばある。

たとえば、ヨルダンでもブルネイでもスンニー派のシャーフィイー学派が主流派となっているが（注２参照）、ハラールの基準は同じではない。ヨルダンでは、食するのがハラールとされている動物をムスリムがアッラーの名を唱えて頸部を切断し屠殺すれば、その肉を使った料理は、誰が調理しても食べることが可能である。ところが、ブルネイでは、食材となる肉がハラールであっても、調理した者がムスリムでなければ、その料理は一般にハラールとは見なされないのである。レストランの場合は、それに加え、経営者もムスリムでなければ、いわゆるハラール・レストランとは認められない。

写真６

写真７

写真６、７　ブルネイの中華料理店。ハラール・レストランでない旨を記したプレートが貼られている。プレートにはローマ字表記のマレー語とアラビア文字表記のマレー語が併記されている。写真７には、味の素の広告も見える

ブルネイでは、豚肉料理を出す中華理店はいうまでもなく、ハラール・レスランでないところには、「BUKAN TEMPAT MAKANAN/MINUMAN ORANG ISLAM（マレー語で「ムスリムが飲食できるものを出すところではない」の意）」、「BUKAN MAKANAN ORANG ISLAM（マレー語で「ムスリムの食べ物はない」の意）」、「BUKAN MAKANAN UNTUK ORANG ISLAM（マレー語で「ムスリム用の食べ物はない」の意）」といったプレートを店内につけなくてはならないことになっている。あるとき、ムスリムの友人とイスラーム系のインド料理店で食事をしたとき、このようなプレートがあって驚いたことがある。彼がいうには、肉を含めこの料理店の食材はすべてハラールなのだが、経営者はムスリムではないという。

一般に、イスラーム世界では、ハラールと見なされる料理は、ヨルダンの場合のように食材がハラールなものをさし、調理した者がムスリムであるかどうかは問題にされない。したがって、ブルネイの場合のようなハラール解釈は、例外的といえよう。こうした、ブルネイのハラール解釈は、同国のイスラーム指導者の最高位にあるムフティが出したファトワ（宗教令）によるものである。出したのは先代のムフティで、現在のムフティは、後に、調理した者がムスリムでなくても食材がハラールであれば食することは可能という、イスラーム世界で一般的に採用されているハラール解釈に沿ったファトワを出した。ところが、先代のムフティのほうがカリスマ性があったため先代のファトワに従う者が多く、結果的に、この国では例外的なハラール解釈が優勢になっているようだ。ファトワは、ふつう出した当人が取り消さないかぎり永久に有効となるが、先代のムフティが取り消すことなく他界したため、このファトワは今日でも有効なのである。

しかし、前記のインド料理店では、私の友人のほかにもムスリムらしき人たちが食事をしていた。この店自体は、先代のムフティのハラール解釈に従ってプレートを掲げていたが、食材はすべてハラールなのだから、現在のムフティのハラール解釈に従えば、ムスリムが食事をしても、問題ないことになろう。要するに、ムスリムたちはどちらの解釈に従ってもかまわないわけだが、有力なイスラーム指導者たちの解釈が異なると、このように、時としてムスリムの食生活に混乱が生じることになる。

そのことが典型的に示されたのが、日本でも大きく報道されたインドネシアの「味の素事件」である。この事件は、二〇〇〇年の一二月ごろに公になり、翌年一月に、日本でも盛んに報道された。事件の内容は、インドネシアで製造されている日本の味の素に、製造過程で豚の酵素が触媒として使われたというものである。[30] できあがった製品に豚の成分が入っていたわけではなかったため、ハラームかどうか、インドネシアのイスラーム指導者たちのあいだでも判断が分かれた。

このとき、味の素に対してハラーム判定を出したのは、インドネシア・ウラマー評議会の下部組織のファトワ委員会であったが、委員会内部でも、激論を経た結果だったとのことである。このように、内部でもハラーム判定に反対があったことに加え、当時のインドネシア大統領アブドゥッラフマン・ワヒドが、「味の素はハラール」との見解を発表したことが、混乱をさらに大きなものにした。その理由の一つは、ワヒド大統領自身が同国の有力なイスラーム指導者の一人だったからである。一般の人たちの反応はというと、ウラマー評議会の見解に対する支持が多かったようであるが、事態は急速に終息に向かう。これは、味の素がインドネシアの人々の食生活に欠くことのできないものになっていたことや、製造にあたった現地法人であるインドネシア味の素社が謝罪し、すみやかに製品を回収したことが、一因であったと考えられる。また、同社が意図的に豚の酵素を使ったわけではなく、アメリカからの輸入品であった触媒にたまたま豚の酵素が使われていたことや、ハラーム判定が出る前に、ウラマー評議会からのハラールでない可能性の指摘に従って、豚の酵素が使われていない触媒に切り換えていたことも好材料だったのかもしれない。ともあれ、二〇〇一年の二月には、味の素の製造・販売が再認可されている。

この事件が起きたとき、筆者は、ブルネイの村で住み込み調査に従事していたが、同国でも事件は大きく報道された。これは、味の素がブルネイの人々の食生活にとっても欠くことのできないものになっており、また、実際にインドネシア製の味の素が市場に出まわっていたからである。結果的に、インドネシア製の味の素は販売が禁止され、人々は割高なマレーシア製の味の素を買わざるをえなくなったのだが、これは、ブルネイ政府が、ワヒド大統領の見解ではなく、インドネシア・ウラマー評議会の見解に従った結果である。

おわりに

これまで述べてきたことからわかるのは、ハラールかハラームかの判断が分かれる場合がしばしば見られるということである。同じ食べ物でも、イスラームの法学派によって見解が異なることがあるうえに、明らかにハラームと考えられている豚肉やそれを使った製品に関しても、飲食物自体に豚の成分が入っていなければ問題ないと比較的寛大に判定する法学者もいれば、入っていなくても製造過程で触媒等に使われていたら食してはならないと厳格に判定する法学者もいる。このことは、インドネシアの味の素事件によく示されている。一般のムスリムのなかにも、「豚」という言葉さえ口にしてはならないと、非常に厳しい見方をする者がいる。

ただ、豚肉やそれを使った製品の場合、少なくとも体内に摂取することは、どのムスリムも認めることはないが、このように、ムスリムが宗教上の理由から豚肉を食べないということは、日本でも意外に知られていないようだ。かつて、九州のある市でアジア諸国が参加する国際的なスポーツ大会が開かれたとき、主催者である市が、アジア各地からやって来た選手たちに歓迎の意を表するために、土地の名物である豚骨ラーメンを振る舞ったことがある。ところが、選手のなかに多くのムスリムがいて、知らずにそのラーメンを食べてしまった[31]。あとで、たいへんな騒ぎになったことは、いうまでもなかろう。当時この市は、アジアの拠点都市になることをめざしていたのだが、このような市の職員たちでさえムスリムが豚肉を食べないということを知らなかったのだから、驚きである。

この豚骨ラーメン騒動の根底にあるのは、自文化中心主義（ethnocentrism）である。自分たちが食べているものだから、まさかそれを食べない者がいるとは思いもしない。そうした思い込みがトラブルを引き起こしたといえよう。自文化中心主義を排することができていれば、このようなトラブルも起こらなかったと思われるが、現実には、これを完全に排するのはきわめて困難である。ただそれでも、異文化と共存するためには、できるかぎり自文化中心主義を排して、そうした文化を理解するように努めることが必要であろう。

上記の九州の市は、騒動のあと、イスラームについての理解を深める目的で専門家を招き、職員を対象に研修を実施した。理解なくして異文化を尊重することはありえない、と考えたからにほかならない。ムスリム社会においてさえ、ハラールかハラームかの判断が難しい場合がある以上、日本のようなイスラームが根づいていない社会で、こういった判断を厳格に行なうのは容易なことではないが、異文化を理解しようというこの市の姿勢は、見習うべきものであるといえる。

【読書案内】
河野友美『食べものからみた聖書』日本基督教団出版局、一九八四
清水芳見『イスラームを知ろう』岩波ジュニア新書、二〇〇三
とんじ＋けんじ『トン考　ヒトとブタをめぐる愛憎の文化史』アートダイジェスト、二〇〇一
クロディーヌ・ファーブル＝ヴァサス『豚の文化誌　ユダヤ人とキリスト教徒』（宇京頼三訳）柏書房、二〇〇〇

テーマ2

インドネシアの食文化

――スンダ語の料理と調理のカテゴリー化――

阿良田　麻里子

はじめに

インドネシアの食文化といっても、多民族国家インドネシア共和国の食文化は、もちろん一枚岩ではない。インドネシア料理といえば、まず有名なミナンカバウ人のパダン料理が思い浮かぶが、本稿ではとくにスンダ人の食文化をとりあげる。料理や調理の語彙の意味と意味関係を扱った従来の文化人類学の先行研究の多くは、レヴィ=ストロースの「料理の三角形」(1)にヒントを得て、加熱調理の際の媒体となるものが水か油か空気かというような事柄に基づいた二項対立のモデルに当てはめた分類の議論であった。(2)これに対して本稿は、現地調査によって得られる生活文化に関する広範な知識が言語の意味分析のためにも不可欠なものであるという立場から、辞書を用いて語と語を対応させるだけではとうてい翻訳することのできないような、人びとの意識下に埋め込まれた言語文化の違いの重要性を指摘する。

本稿では、まず、スンダ社会および調査地の概略を説明し、料理と調理に関わるスンダ語の言語表現の全般的な特徴を述べておきたい。(3) その後で、スンダ料理とその調理法の具体例を記述しながら、そのカテゴリー化のありかたについて考察する。特に、炊飯、サラダの一種ルジャック、「食べるもの」と「飲むもの」という三つのテーマをとりあげる。(4)

1　スンダ社会の概況と料理名称の特徴

(1) スンダ社会の概況

インドネシア共和国は、多様な自然風土をもつ広大な国土に三〇〇ともいわれる多民族の住む国である。スンダ人は、ジャワ人に次いで第二の大きな民族集団であり、人口は約三〇〇〇万人を数える。スンダ人の主な居住地は、パスンダンともタタール・スンダとも呼ばれ、ジャワ島の西部、西ジャワ州のプリアンガン山地およびバンドゥン盆地に位置する(図1参照)。その中心となるのは、一九五五年に開かれた第一回アジア・アフリカ会議の開催地として有名なバンドゥン市である(写真1、2)。

スンダの人びとは、日常生活ではもっぱらスンダ語を用いている。ただし、学校教育は国語であるインドネシア語で行なわれており、テレビやラジオなどのマスコミの影響もあって、高齢者を除けば、人びとはよくインドネシア語を操る。スンダ語はオーストロネシア語族インドネシア語派に属する言語で、インドネシア語と文法構造は似ているが、インドネシア語と違って、ジャワ語やバリ語のように敬語をもつ。ジャワ人の多いジャワ地方と境を接する東部や、他民族の流入の激しい都市部は、多民族的状況を呈しており、公の場面では、しばしばインドネシア語が用いられる。しかし、プリアンガン地方の村落部においては、ごく少数の移入者を除き住民の大多数はスンダ人であり、学校教育の場を例外として、公私を問わずスンダ語が用いられている。

スンダ人はほとんどが熱心なイスラーム教徒であるが、その宗教生活は祖霊崇拝など非イスラーム的な要素を多く含んでいる。西インドネシアの主な諸民族の例にもれず、米を主食とし、魚や肉や野菜を副食としている。一般的な家族形態は、夫婦および未婚の子によって構成される核家族を基本とするが、養子・甥・姪・姑などが加わる例も珍しくない。居住形態としては、結婚後しばらくは妻方の両親の家に同居し、出産や妹の結婚を機に独立することが多い。血縁関係や婚姻関係にある親族とは、広い範囲で結びつきをもつ。この親族集団の構成は流動的なもので、成員権の明確な出自集団を形成しない。系譜は双系をたどり、どちらかといえば父方が優越するが、互いに食事を提供しあうような親しい関係は、むしろ女性を中心とする。[5]

筆者は一九九九年から約二年にわたって農村に住み込み、フィールドワークを行なった。[6] 主な調査地は、バンドゥン市の南約一五キロメートル、マラバル山の山裾の海抜約五〇〇メートル地点に位置するB村であるが、バンドゥン市内やタシクマラヤ県においても補足的な調査を行なった。

B村はB行政村（デサ）を形成する一一の村（カンプン）の一つで、B行政村の村役場の所在地である。その人口は約八〇〇人、戸数は約二二〇戸で、住民の主な生業は水田稲作やマニオク・サツマイモ・トウモロコシなどの畑作を中心とする農業であるが、青年層の間では近隣の工場に通う賃金労働者が増えつつある。炊事・洗濯・掃除などの家事は主に女性が行ない、羊や水牛などの家畜の世話は主に男性が行なう。田畑の耕作では、田起こしなどの力仕事を男性が担当し、田植えを女性が担当するが、稲刈りや、イモや豆などの畑作物の植え付けや収穫などは、男女を問わず、ともに行なう。

育児は主に女性の役目であるが、男性もよく関わる。工場労働者の間では、子どもを親世代に預けて共働きをする夫婦も珍しくない。調査当時、B村には電気は普及していたが、水道やガスや電話網はなく、ごく限られた富裕な家族が携帯電話をもち始めたばかりであった。自前の井戸を掘って自宅に水場を作る人も増えているが、今でも多くの村人が湧き水をひいて作った共同の水場を使い、各自で洗濯・水浴・炊事のための水を汲んでくる。

筆者が初めてB村に足を踏み入れたのは、二〇〇〇年四月のことだった。当時のスンダ文化センターの所長からの紹介で、ほとんど消えかかったスンダの古典芸能の一つ、古式パントゥンの数少ない演奏者であるアキス氏のお宅を訪れたのである。しばらく話をしていると、夫妻は「ご飯を食べていきなさい」と言う。お言葉に甘えて、案内役の知人とともにアキス家の食事に加わった。居間の床にゴザを敷き、その上に並べたご飯やおかず料理を囲んで各自の皿に取り分け、談笑しながら食事をした。

筆者が不十分ながらもなんとかコミュニケーションがとれるスンダ語能力をもっていることがわかると、夫妻はこのまま泊まっていけばどうかと誘ってくれた。知人は帰り、私が一人残って泊めていただくことにした。

図1　西ジャワ州地図

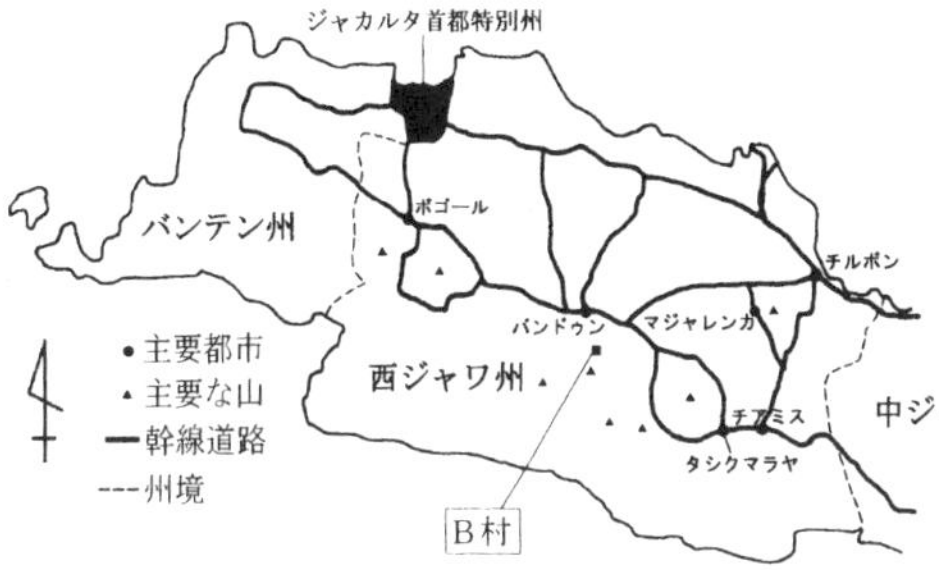

写真1　B村の風景

写真2　バンドゥン市内のスンダ料理レストラン

写真3　祝宴の前夜のもてなしには、数十種類の菓子や果物が並ぶ。このような食べ物は「飲むもの」にカテゴリー化されている。本文5節参照

写真4　祝宴の当日の来客のためのビュッフェ形式のご馳走

写真5　スラマタン儀礼のもてなし

その夜は、アキス氏の奏でるスンダの琴・カチャピの音を伴奏に、お二人と語り合った。夫妻の一人娘は隣村に嫁ぎ、四人の子どもがいること、古式パントゥンとはカチャピを演奏しながら伝説的な英雄物語を謡い吟じるもので、婚礼などの催しやお祓《はら》いのために夜を徹して演奏される儀礼的な性格をもつ芸能であること、アキス氏が霊的能力をもったイスラーム修行者でもあり、さまざまな伝統儀礼の詳細に通じていること、アキス夫人が経験を積んだ産婆で、B村では妊娠や出産に関わる儀礼を司る存在であることを知った。そうして筆者は、翌月からアキス家の「末っ子」として迎え入れられ、夫妻の日本から来た娘としてB村に暮らしながら、儀礼やその裏方の作業に関わることになったのである。

ここで、食に関わるスンダの伝統儀礼について簡単にふれておこう。伝統儀礼にはさまざまな種類があるが、なかでも婚礼や割礼にともなう祝宴は、村の暮らしを彩る一大イベントである。両親にとって、男児の割礼と女児の婚礼は同程度に重要な儀礼であって、それにともなう大規模な祝宴は、どちらもハジャットと呼ばれる。ごく簡素なものでも招待客の人数は二〇〇人を下らない。隣人や親族がこぞって準備を手伝い、祝宴の前夜の来客のためにはさまざまな茶菓子が用意され、当日の来客にはビュッフェ料理がふるまわれる（写真3、4）。割礼・婚礼は、もちろん割礼男児や花嫁花婿にとっての重要な人生儀礼であるが、「祝宴を待つ人」と呼ばれ、祝宴の中心人物になるのはその両親、特に母親である。初めての祝宴の開催は、両親にとっての人生儀礼でもある。

インドネシア語でスラマタン儀礼として有名な儀礼は、スンダではシュクランあるいはサラマタンと呼ばれる。これは、祝い事や生活の大きな変化に際して、近隣の世帯主の男性を呼び集め、ともにイスラーム式の祈りを捧げてもらうもので、祈りが終わった後に、ふつうはその場で食事が供される（写真5）。食事の時間は五〜一〇分ほどで、食後はすぐに解散する。稀に、参加者に折詰を持ち帰らせる場合や、人を呼び集めず身内だけで祈った後で、皿によそった食事や折詰を隣人宅に届けるだけですませる場合もある。

このほか、毎週火曜と金曜の前夜[7]に食料室で行なう儀礼、田植えと稲刈りの前の儀礼、妊娠七ヵ月の儀礼、出生から一週間の儀礼、出生から四〇日の儀礼、葬礼、法要、お祓いなど、さまざまな儀礼において、祖霊に対する供え物として飲食物や嗜好品を用意したり、スラマタンを催したりといったことが行なわれている。

（2）料理名称の特徴

次にスンダ語の料理と調理に関わる語彙の特徴の概略を説明しておこう。

日本語の料理の名称では、外来語を除けば、「おでん」のように単一の名詞だけで主材料と調理法まで規定してしまうものは少ない。ほとんどは複数の語からなる複合名詞で、「肉じゃが」のように、主材料名を複数組み合わせたり、「野菜炒め」や「焼き魚」のように、主材料名と調理法を表わす動詞を組み合わせて料理名にしたりする。また、「〜の炒め物」「〜の焼いたもの」のような名詞句で表わす名称もある。

それに対して、スンダ語の料理名称の場合には、複合名詞や名詞句による名称もあることはあるが、むしろ単一の名詞による料理名称が非常に豊富なことが特徴的である。名詞一つで、味付けと調理法を表わしたり、主材料・味付け・調理法のすべてを規定したりするような料理名称が多くある。筆者が採集しただけでも総菜料理が三〇以上あるし、ほかにも、軽食となる料理、おかずになるせんべいの類や、茶請けにする菓子など、一つの語だけからなる料理名称が一〇〇近くにのぼる。

また、「作る」や「調理する」という意味の他動詞を使うよりも、料理名称から派生する動詞で言い表わすのがふつうである。「おでん」という名詞から「おでんする」という動詞をつくるようなものである。たとえば、肉の串焼きをサテ（*saté*）というが、接頭辞N-をつけてできた動詞ニャテ（*nyaté*）は「串焼きを作る」ことを表わす。また、料理によっては、派生動詞がその料理を「食べる」ことや「作って食べる」こと、「買って食べる」ことを表わすこともある。日本語で「お茶しよう」という表現のしかたに近い。

料理名称の意味は、非常に複合的で複雑な諸領域からなる。それを大きく分ければ、①料理の成り立ち、②性質、③機能の三つに分類できる。「成り立ち」とは、料理を作る過程に関わるもので、具体的には素材や調理のことを指す。「性質」とは、完成した料理に内在する特徴で、形、色、手触り、歯触り、温度、味、匂い、保存性などがここに含まれる。「機能」とは、その料理がより大きな文脈のなかで果たす役割のことで、食にかかわる規則や献立のなかの位置づけ、社会的・経済的・栄養的・医療的な評価、タブー、社交に果たす役割などがこれにあたる。料理のカテゴリーは、そのうちの一つだけで規定されることもあるし、複数の条件を組み合わせて規定されることもある。

もちろん筆者は、料理名称の意味を考察するのに、これで十分であるというつもりはない。しかし、これらの諸領域を明確にして分析することで、スンダ人の料理に対する認識の特徴の諸側面をより明確に捉えることができると考える。

2 さまざまな炊飯の仕方

事例として炊飯の仕方のカテゴリー化をとりあげてみよう。スンダ語で白い米飯の調理を表わす動詞としては、ニャグ（*nyangu*）とンガリウット（*ngaliwet*）という二種類がある。スンダ人にたずねてみると、ニャグは蒸して米を調理することで、ンガリウットは米を蒸さずに鍋で調理することであるという。辞書の語釈からもそれは裏づけられる。しかし筆者は、実際にはその社交の領域の規定のしかたの違いが、動詞の使い分けの区別に重要な役割を果たしていると考えている。

スンダの一般的な炊飯方法は、炊き蒸し法とでも呼ぶべき方法で、日本で一般的な炊き干し法（鍋などで炊きあげる方法）とも、南アジアや東南アジアで広く行なわれる湯どり法（ゆで汁をすべて、あるいは一部捨てる方法）とも異なる。ゆで汁を捨てないので、スンダ人好みの、柔らかくねばりがあって指先でうまくまとまるような米飯を炊くことができる。

現在のスンダ農村でよく見られる炊飯法のうち、主なものをまとめて次に紹介しよう。(8) なお、ここでは省略するが、どの炊飯法でも、まず米を円形の箕《み》(ニル)であおって籾殻などのゴミや屑米を取り除いた後、竹で編んだ足つきのザル（ボボコ）やそれを巨大にしたようなもの（サイド）を使って米をとぐのは、共通している。

A、伝統的な炊飯法

図2　伝統的な炊飯方法

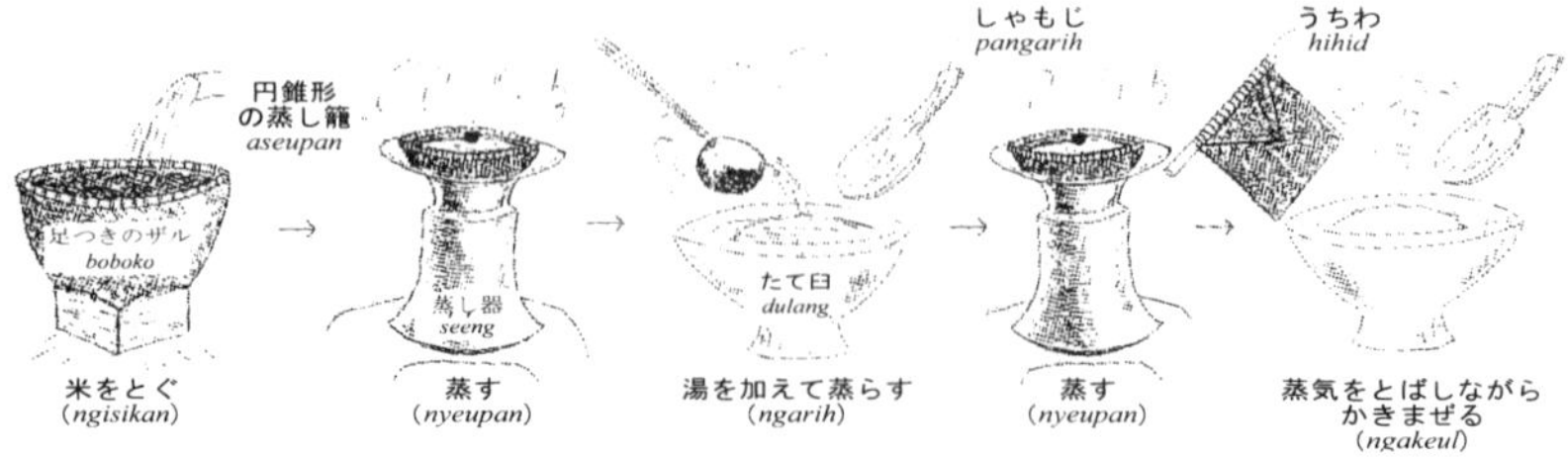

セエンと呼ばれる独特な形の蒸し鍋と円錐形のせいろを使い、洗った米を半ば火が通るまで蒸す。蒸した米を、口の広がった木のたて臼にあけて、蒸し鍋の中の湯をひしゃくで汲んで入れる。しゃもじでかきまぜ、しばらく放置して米に水分を吸わせる。米が膨らんだら、固まった米をくずしながらせいろに戻し、さらに蒸す。蒸し上がったら、もう一度たて臼にあけて、右手にしゃもじ、左手にうちわをもって、扇いで冷ましながら、よくかきまぜる。炊きあがったご飯は、足つきのザル（ボボコ）に丸く盛り上げておき、中央にしゃもじをたてる（図2）。

B、Aを簡略化した方法

まず、浅い鍋を使って米を煮る。半ば火が通ったら、火からおろして、しゃもじでかきまぜ、しばらく放置する。ランスンと呼ばれる円筒形の蒸し鍋に蒸し布をしいて、米をくずしながら入れ、蒸す。米飯を布ごともちあげてザルにあけ、うちわで扇ぎ冷ましながらしゃもじでかきまぜ、最後は丸く盛り上げておく。

C、一度に大量に炊飯する方法

ランスンと同じ円筒形だが、高さが六〇〜七〇センチメートルほどもある巨大な蒸し鍋を使う。半ば火が通ったら、別鍋にわかしておいた湯をひしゃくでくんで、蒸している米の上からかける。米の上に湯がたまったようになるが、蓋をしてそのまま加熱を続けると、次第に湯が下にしみてゆき、米粒に吸収される。全体に火が通って柔らかくなるまで蒸す。蒸しあがった米飯は、皿などを使ってすくい、竹を編んで作った平たい容器の上にあけて、うちわで扇ぎながら、しゃもじでかきまぜる。足のついた大きなザル（サイド）に入れておき、適宜ビュッフェ用の容器に移して客に出す。

D、鍋で米飯を炊きあげる炊き干し法

典型的には、胴の膨らんだ丸い形の鍋（カストロル）を使い、米と水に、塩少々・マメアデクの葉・レモングラスの茎などを加え、蓋をしてかまどにかける。沸騰してしばらくしたら、蓋を開けてしゃもじでかきまぜ、また蓋をしておく。だいたい炊きあがったら、薪を崩して火を落とし、おき火でゆっくり加熱する。灯油コンロなどを使っている場合は、弱火にする。炊きあがった米飯は、ザルにとらずに、直接鍋から皿やバナナの葉によそって食べる。

以上の四つのうち、はじめのA・B・Cはいずれも「ニャグ」という語で表現される炊飯法である。A・B・Cの三種類にはそれぞれに長短がある。Aの伝統的炊飯法は焦げつく心配が少なく、米を蒸す間に家畜の世話や水汲みなど、家のまわりの軽作業をこなすことができる。ただし調理時間は長い。Bの方法では手間と時間をあまりかけずに柔らかくねばりのある米飯ができる。しかし米を煮るときには焦がさないように注意が必要である。Cは割礼や婚礼の祝宴のように大勢の来客があるときに採用される。多量の米飯が一度にできるが、炊きあがりは少しぱさついており、あまり美味ではないといわれる。巨大な道具を使って大量の米を炊くので、通常は男性が担当する。

A・B・Cに共通するのは、加熱調理操作を二回に分けて行なうこと、米に水分を含ませる工程、蒸す工程、そして、最後に練りつけるようにかき混ぜながら蒸気を飛ばすという工程があることである。また、これによって得られる米飯は、もっとも一般的な食事の主食として供されるような、味つけのまったくない白い米飯である。「ニャグは蒸して炊飯すること」という説明がされるのは、必ず蒸すという工程を含むからであろう。

一方、ンガリウットという語で表現される炊飯法（先述のD）では、蒸し鍋を使わず、鍋で米飯を炊きあげる。蒸らすときも弱火で加熱し続ける点を除けば、日本の一般的な炊飯法とよく似ている。できた米飯は蒸した米飯

写真6　バナナの葉を皿にンガリウットのご飯を食べる主婦たち

と同じくサグ（*sangu*）と呼ばれる。特にサグ＝リウットと呼んで区別することもあり、軽く味がつき、お焦げがある点が特徴的であるが、スンダ人の説明するニャグ（蒸す炊飯）とンガリウット（鍋で炊く炊飯）の違いは、できあがりの状態ではなく、あくまで炊飯法の違いである。

ところが、実際には炊き干し法の炊飯が、すべてンガリウットという語で表わされるわけではない。自動炊飯器で炊飯することは、炊き干し法であっても、ンガリウットと言わずニャグと言うのである。[9] それはなぜだろうか。実は、この二つの語の対立には、単なる調理法の違いだけではない要素が深く絡んでいる。それは「社交」という社会領域との関わり方の違いに関連がある。

事例を見てみよう。ある日、筆者は親しくしていた近所の主婦に誘われた。「明日稲刈りをするから田んぼでンガリウットをしよう」と言うのである。友人の家族と親戚の男性が集まった。小さな田んぼなので、作業は朝露が乾いた頃からはじめ、昼頃には一段落した。友人は田んぼの脇につくった簡単なあずまやの下でたき火をし、家から携えてきた鍋でご飯を炊いた。炊いているご飯の上で蒸したトウガラシとトゥラシ（小エビからつくったペースト状の調味料）を使ってチリソース（サンバル）をつくる。おかずは、そのチリソースと畑からとってきた生野菜、瓦のかけらの上で焼いた小さな塩魚である。ふだんの農作業では、食事は家で調理したものを運んでくるのだが、見晴らしのよい棚田で親しい人びとと食べる炊きたてのご飯は、格別の味がする。

スンダでは、ふだんの食事の際に炊き干し法の炊飯をすることはまずない。「ンガリウットする」ということは、金のかからない一種の催しものであり、気軽に日常的に実行されるピクニックのような性格をもつイベントなのである。種まきや収穫などの農作業に彩りを添えるために田畑で行なわれるだけでなく、手軽な娯楽として主婦や若者などが親しい友人同士集まって家や庭先で行なうこともある。数日前から前日に計画し、当日は数人から十数人が集まる。大勢が集まる場合は食材を持ち寄ることが多い。当初の計画に加わっていない人がその場に行き合わせれば、声をかけられて参加することもある。

炊きあがった米飯は、皿によそってスプーンで食べてもよいが、典型的には写真6のように丸ごとの長いバナナの葉の上に炊きたての熱々をざっと広げ、車座になってバナナの葉を囲み、各自そこから直接右手を使って食べる。おかずは野菜や塩魚を中心にしたごく質素な日常的なものであり、儀礼のもてなしのときのように肉や卵や鮮魚を使った贅沢な料理を作ることはない。

つまり、ンガリウットという語には、調理法の詳細だけでなく、「非公式に近しい人びとが集まり親密な雰囲気で調理して食べる」という意味までが含まれているのである。スンダ語では、ただ「ンガリウットしようよ！」と誘うだけで、そのような意図をはっきりと伝えることができる。ニャグはこういった社交の領域と関わる意味をもたず、日常の食事でも祝宴でもまったく同様に使われる。その意味を規定するのは、料理の成り立ちと完成した状態の性質である。要するに、この二つの語は、単に相異なる炊飯法を表わすというよりも、関与する意味領域の範囲が大きく違っているのである。

炊飯器による炊飯は、調理法こそンガリウットに似ているが、社交イベントにはまったく関わりがない。そのために、社交の領域とは関連のないニャグが採用されたと考えられる。言い換えるならば、新しい調理道具が導入されたとき、語を選択するにあたって、社交領域との関わりの有無が決め手になったといえる。このことは、料理・調理のカテゴリー化を分析する際に、より広い視野から料理・調理に関わる周辺分野の調査を行なう必要があることを示している。

3 サラダ——野菜とその調理法

次に、ルジャック（rujak）というサラダの一種を見てみよう。スンダ人は野草や木の若葉を含めて野菜をとくに好むことで知られ、スンダ料理には野菜や果物やイモを主材料としたサラダのような料理が多くある。(10) これらのサラダ料理は、後にふれるように、ルジャック以外にもさまざまな名称でカテゴリー化され、分類されている。

さて、本題のルジャックであるが、この名称で呼ばれる料理は非常に多様であり、ルジャックとはいったい何かということを一言で説明するのは難しい。ルジャックと呼ばれる料理群は、成り立ちと機能の点から、表1のA〜Eのように五種類に大別できる。

成り立ちの面から見ると、主材料が異なるだけでなく、味つけの種類、主材料の切り方、ソースとの混ぜ方などに、相当な変異が見られる。当然、できた料理は見た目も味も食感も互いに大きく異なっており、性質の点でも互いに似ているとは言いがたい。また、機能の面からも、ルジャックAはおかず料理であるが、CやDはあくまで間食であり、おかずとして食べられることはまずない。Eにいたっては、食べるためのものでさえない。

このように主材料も味つけも調理も食べ方も互いに異なる多様な料理が、一つのカテゴリーのなかに詰め込まれている。すべてに共通する特性は、植物性の食材を主材料とし、生のまま使うこと以外にない。かといって、生野菜のサラダがすべてルジャックと呼ばれるわけでもない。たとえば、カレドック（karédok）と呼ばれる料理はルジャックAと調理法も味付けも機能も酷似した生野菜のサラダで、まことに紛らわしい。

両者の違いは、次の通りである。典型的な主材料は、ルジャックAでは五〇〜六〇センチメートルの細長いサヤ豆を三センチメートルほどに切りそろえたものであるのに対し、カレドックではキャベツなどの葉野菜を細かく切って数種類まぜあわせたもの、あるいはイヌホオズキの実をたたきつぶしたものである。また、ルジャック

表1　さまざまなルジャック

A.	主材料は、サヤ豆・未熟のパパイヤなどの生野菜。混ぜて使うことはなく、一度に調理するのは一種類のみである。4〜5㎝ほどの拍子木あるいは薄い一口大の乱切りにして、キダチトウガラシ・塩・小エビペースト・ヤシ砂糖などを石皿ですりつぶしたものに入れ、軽くたたくようにして和える。米飯のおかずの一種。特に暑い日の昼下がりの食事にふさわしい。
B.	主材料は、未熟のマンゴー・未熟のパパイヤ・ミズレンブ・グァバ・マメイモ・サツマイモ・クドンドン・サヤ豆など、甘みの少ない果物や生のイモや生野菜。数種類を混ぜて使う。さいの目に刻んだり、削ぐように薄めの一口大の乱切りにして、甘辛く酸味のあるソースで和える。主に間食用だが、米飯のおかずにもする。暑い日の日中にふさわしい。
C.	主材料は、甘みの少ない果物や生のイモ。一種類あるいは数種類を削ぐように薄めの大きめの乱切りにして、甘辛く酸味のあるねっとりしたソースを添える。一つずつ手にとって、ソースをすくいとって食べる。特に暑い日の日中の間食にふさわしい。都市部の屋台や店でしばしば買い食い用に売られている。インドネシア語でルジャックというと普通はこれである。
D.	主材料は、トマト・果物・ココナツなど。一度に使うのは一種類。さいの目に切って、砂糖をかけ、水を少々加える。食べたい人が自分の分だけを作って食べるような、ごく軽い間食である。特に時間帯は問わない。
E.	祖霊祭祀の供え物の一種。ココナツ・バナナ・パン等をさいの目に切って、別々の小さな器に入れ、削ったヤシ砂糖をのせ、水を少々加える。普通は食べない。ルジャクン、ルルジャカン、あるいは7色のルジャックなどとも呼ばれる。

Aに見られるようなシャキッとした歯触りが、カレドックにはあまりない。

ルジャックAも葉野菜のカレドックも、後述するように、家庭的な内輪の社交の機会と結びついているが、他のルジャックにそのような特徴はない。そのため、ルジャックAと葉野菜のカレドックは、A〜Eのルジャック同士よりも大きい共通点をもっていることになる。

それでは、ルジャックというカテゴリーを成り立たせているものは何なのであろうか。それは、ウィトゲンシュタイン[11]がいう「家族的な類似性」であると考えられる。古典的カテゴリー論では、全成員が共通にもち、かつ非成員の共有しない特徴がカテゴリーを成立させる。それに対して、家族的な類似性からなるカテゴリーでは、おのおのの成員同士が互いに少しずつ重なり合ういくつかの特徴を共有することで、一つのカテゴリーが成立することになる。ルジャックにおいても、A〜Eの一部をとってみると、互いに類似する特徴を共有しているものがある。表2は、特徴の重なり合いを示したものである。Bを中心として、その他のルジャックが少しずつ共通の属性をわかちあって、ゆるいまとまりを形成しているのが見てとれるだろう。

表2　ルジャックというカテゴリーの成員が互いに持つ類似点

AとB	サヤマメや野菜用の果物という主材料の選択肢の一部。シャキシャキとした食感。細かくした主材料を、つぶした調味香辛料で和えるという味つけの方法。
BとC	甘くない果物やイモという主材料の選択肢の一部。甘辛く酸味のある味。
AとBとC	暑い日の日中という、食べるのにふさわしいとされる時間。
CとD	果物という主材料の選択肢の一部。間食としての機能。
BとDとE	さいの目に切って味つけをするという調理法。
DとE	砂糖と水を使う味つけ。

さて、ンガリウット（鍋で炊く炊飯）と同様に、ンガルジャック（ルジャックの動詞形）や、ンガレドック（カレドックの動詞形）という語もまた状況により社交的な機能をもつことがある。これらの動詞は、ンガリウットよりも小規模で家庭的な共食のイメージを喚起する。

先に述べたように、ルジャックA・B・Cや、葉野菜のカレドックは、暑い日の昼さがりにふさわしい食べ物である。スンダの農村部では、米飯をともなう食事は朝八〜一〇時頃と夕方四〜五時頃の二回のみで、昼はイモや菓子などのおやつをつまむ程度ですませるのがふつうである。料理はできたてを食べる必要はなく、家での食事では、調理済みの料理を室温に放置しておき、家族がそれぞれバラバラに食べることもめずらしくない。ところが、サヤ豆のルジャックAや葉野菜のカレドックを食べる際には、家族は一緒に作りたてのものを食べるし、昼でもこれをおかずに朝の残りの冷や飯を食べる。

果物のルジャックCはおかずではないが、同様に作りたてのものを集まって食べる。したがって、これは、ごく気軽な内輪の家族的な社交の機会にもなる。家族の集まりに親しい友人が一人、二人加わることもあるし、数人の隣人がそれぞれご飯を持ち寄って、軒先で涼みながら食べることもある。招く側の負担が非常に少ないので、気軽に人を誘うことができる。ンガリウットのように前もって計画することもなく、その日、その場の思いつきで実行されることが多い。

調査地に入ってまもなく、筆者とホストマザーのアキス夫人は若い主婦と小道で行き会った。彼女は田んぼの見回りの帰りにサヤ豆をひと抱え取ってきていた。「ネン

（と私は呼ばれていた）、ルジャックしたい？」と彼女がきく。私は意図がわからなかった。ルジャックの材料をくれるということかと思い、「うん」と答える。しかし彼女は「お母さんと一緒にね」と言って、何やらアキス夫人とごく簡単に打ち合わせ、サヤ豆を抱えて行ってしまった。しばらくして、アキス夫人は私を連れ、冷やご飯をもって彼女の家を訪ねた。私たち三人は、客間ではなく台所の横の板間でゴザの上に座り込んだ。石のすり皿で調味料などをすりつぶし、サヤ豆を切り入れて和える。皿を一枚ずつ膝の前に置き、食べ物をとって食べる。できたてのルジャックをおかずに、楽しくおしゃべりをしながら、彼女は彼女のご飯を、アキス夫人と私は持参したご飯を食べる。これが「ルジャックする（ンガルジャック）」ということなのだった。

この種の社交的な機能は、ルジャックやカレドックにはあるが、そのほかのサラダにはない。ンガルジャックという語の意味の考察には、このような視点を含めることが不可欠と考えられる。意味用法をただ訊ねたり、文例を分析するだけの言語調査では、これを把握することは難しい。料理文化の特性を分析するためには、実際の生活に関わり、参与観察を積み重ねることが有効であるといえるだろう。

4　食べるもの、飲むもの

動詞ンガダハル（*ngadahar*）とその尊敬語のヌアン（*nuang*）は、スンダ語で「食べる」という意味である。[12] しかし、実際にこれらの動詞が使われるのは、米飯をともなう食事をとる場合に限定され、おかず料理だけを食べる場合やおやつを食べる場合には使えない。この二語から派生した名詞ダハルンとトゥアグンは、それぞれ「食べるもの」という意味をもつが、食べ物ならば何でもよいというのではない。このカテゴリーに入るのは米飯とおかず料理のみである。

写真７　儀礼の供え物に用いる三種類のチマキ（左から竹、ココナツ、バナナの葉で包まれている）

食事以外で「もの」を食べることをンゴピ（*ngopi*）、尊敬語ではンガルウット（*ngaleueut*）という。この二つの動詞は「飲む」ことと深い関連をもつ。ンゴピはコーヒーを表わす名詞の派生動詞で、もともとはコーヒーを飲むことを指していた。しかし現在では、自動詞としては飲み物とともに軽い食べ物をとることを表わす。飲み物はコーヒーでも茶でも白湯でもかまわない。他動詞として使用すると、「（軽い食べ物）を食べる」という意味になる。飲み物だけを飲むときは、「ンゴピ」は使わず、液体を摂取するときには、もっぱら「ンギヌム」（*nginum*）という言葉が使われる。ンゴピとンギヌムの二語に対応する尊敬語が、ンガルウットである。飲み物を飲むこと、飲み物とともに軽い食べ物をとること、軽い食べ物を食べることのすべてをこの一語で表わすことができる（なお、ンギヌムの派生名詞イヌムンの意味は液体の飲み物であるが、ンゴピやンガルウットの派生名詞オピウンやルウトゥンは、食事以外の食べ物を表わす）。

つまり、スンダ語では、米飯とおかずを「食べる」ことと、飲み物を「飲む」こととの中間的な位置に、「（飲み物とともに）軽い食べ物をとる」ことがあり、それは言語表現としては「飲む」カテゴリーに入れられているのである。それぞれの対象となる料理は、はっきりとカテゴリー化されている。「食べるもの」にカテゴリー化されるのは、米飯とおかずになるような料理である。「飲むもの」にカテゴリー化される軽い食べ物には、茶うけになるような各種のせんべいや甘い砂糖菓子やクッキーなどを含む菓子、バナナやマンゴーなどの果物、パン、粥、チマキなどがある。

チマキは材料や包むものや調理法によってさまざまに分類され、その機能も儀礼食から日常食まで多様である（写真7）。実際の食生活では、遠出の際の弁当代わりに、おかずとともに食べるものもある。ところがチマキは米飯のカテゴリーのなかに入れられていない。チマキのほか、粥、麺類、パン、イモなどを食べていても、米飯を食べていなければ「まだ食べていない」と言う。米飯を食べないと食事をした気がしないのである。ほかの食べ物で満腹であるにもかかわらず、「まだ食べていないから」と言って、ちょっと米飯をつまむこともある。したがって、これらのものは「飲むもの」であって、「食べるもの」ではない。逆に食事のおかずにされるような汁物料理は、たとえ実の少ないさらっとしたスープであっても、「食べるもの」であって「飲むもの」ではない。

以上のことから、「食べる」ことや「飲む」ことと、「食べるもの」や「飲むもの」といったカテゴリーの成り立ちには、スンダにおいては、献立における料理の位置づけや食制のあり方が深く関わっているといえるだろう。ある料理が「食べるもの」なのか「飲むもの」なのかは、単にその料理の状態を物理的・化学的に分析するだけでは十分ではない。その料理体系のなかで、それが社会状況に応じてどのように扱われているかを観察する必要があるのである。

まとめ

以上、「炊飯」、「サラダ」、「食べるもの」と「飲むもの」、という三つの話題をとりあげ、料理と調理のカテゴリー化について述べてきた。冒頭でも述べたように、本稿の主題は、料理や調理に関わる語彙を研究対象とする言語人類学の先行研究が、ほとんど扱ってこなかった事柄である。スンダ語の炊飯の二つのカテゴリーを表わす動詞の使い分けは、調理の分析からだけでは決して説明することができない。

同様にルジャックという料理名称やンガルジャックという動詞の意味は、ルジャックと呼ばれる食べ物について、その料理としての成り立ちや、できあがった料理の性質を分析するだけでは捉えきれない。「食べる」ということや「飲む」ということがスンダにおいてもつ意味を理解するには、食制を総合的に把握することが必要である。本稿ではインドネシア・スンダ地方の言語文化を事例としてとりあげたが、同様な事柄は他の言語文化においても見られるであろうと推測される。

ここで述べたような事柄は、従来の構造主義の言語学では「言語外」のものとして研究の対象にされてこなかった。しかし、現在の言語学の本流は、談話の研究や語用論など、構造言語学が研究の対象外とした部分を積極的に扱っている。なかでも認知言語学では、語の意味を、辞書的な知識のみに限定されるものでなく、本来的かつ本質的に百科事典的な広がりをもつものとして捉えている[13]。

このような視座にたつならば、料理や調理に関わる言語表現の意味を考えるためには、料理や調理にまつわるさまざまな要因を考慮に入れる必要があることは自明のことである。本稿は具体的な事例をもってこのことを例証し、生活文化に関する詳細かつ具体的な調査と分析が、言語の分析においても重要な役割を果たすという可能性を明らかにした。また、このような生活文化に関する知識と言語とを併せて分析することにより、それぞれへの理解がより深まるともいえるだろう。

本稿で扱った名詞や動詞は、スンダでは日常的に頻繁に用いられる基本的な語彙であるが、辞書にはごく簡単な説明や単純な訳語しか見いだせない。翻って、日本の言語文化においても、同様な例はいくらもある。「鍋」という語には、調理器具としての鍋から鍋料理までが含まれる。鍋料理には、一家団欒や宴会料理のような社交の機会が結びつき、寒い季節に体を温め、多様な食材を手軽に食べられる健康食といったイメージが想起される。「おにぎり」のもつ意味は、弁当としてもっぱら家庭で作るものだった時代から、コンビニエンス・ストアの代表的な商品となった現在に至るまでに、大きな変化を遂げてきている。

こういった言葉の真の意味を理解することが、生活文化の一面を浮き彫りにし、異文化への理解を深めることにつながるといえる。逆に、こういった言葉の誤解によって生まれる齟齬は、齟齬があること自体にも気がつきにくく、人間関係に無用な摩擦を呼ぶことにもなりかねない。実際に、これらの知識がないためにコミュニケーションすらままならないことがしばしばある。外国に滞在している駐在員や留学生やその家族たちが日常的に直面するのがこの問題である。壁が存在することにさえ気がつかなければ、いったいどうやって壁を乗り越えることができるのだろうか。ところが、このような生活文化に関する知識は、雑学として語られることがあればよいほうで、各国の地域事情や外国語の学習の場に体系立って取り入れられることは、ほとんどないといってよい。

テレビや雑誌を見れば、今日もゲテモノから美味珍味まで世界の食べ物が紹介されている。しかし、その裏に隠された食文化の諸側面は十分に紹介されているとは言いがたい。多文化共生が謳われるこの時代には、もっと身近な生活文化の違いを丁寧にとらえ、異文化の間に横たわる溝を越える地道な努力が必要とされているのではないだろうか。

【読書案内】

秋道智彌『魚と文化―サタワル島民族魚類誌』海鳴社、一九八四
秋道智彌「サタワル島における食物カテゴリー」松原正毅編『人類学とは何か――言語・儀礼・象徴・歴史』日本放送協会　二〇〇―二三二頁、一九八九
石毛直道「ハルマヘラGalela族の食生活」『国立民族学博物館研究報告』3(2)：一五九―二七〇、一九七八
J・R・テイラー（辻幸夫訳）『認知言語学のための14章』紀伊國屋書店、一九九六
野林厚志「『悪い魚』と『真の魚』――台湾ヤミの魚食における食物規制」竹井恵美子編『食の文化フォーラム18　食とジェンダー』ドメス出版　四六―六三頁、二〇〇〇

「世界の料理」実習を通して「文化」を知る

川原﨑　淑子

近年、食のグローバル化により、日本に居ながらにして他の国の料理を体験することができる。フランス料理はもとより、スペイン料理からイタリア、トルコ、ロシア、タイ、インドなど好みに応じた料理を味わい、食の世界一周ができる。勤務先の短期大学での調理実習は一年次の基礎調理実習の後、二年次で「世界の料理」（写真1）と題し、文字通り世界各国の代表的な料理を学ばせている。

この授業を配したのは、国際食文化コースとして食分野の異文化理解を深めるとともに、さらに自文化を見つめ直すためである。また、各国の料理を作って試食するだけではなく、食文化を通して食生活や食習慣の理解を学び深めることを目的としている。

実習は年二八回から三〇回実施する。実習する対象国は、米を主食とする文化の国である韓国、中国、タイ、ベトナム、フィリピン、インドネシア、インド、小麦粉を主食とするフランス（写真2）、イタリア、ドイツ、イギリス、スペイン、ベルギー、アメリカ、ギリシャ、ロシアなどの国々、イモ雑穀のメキシコ、エジプト、モロッコなどの多種多様の文化をもつ国の料理を作っている。それらの国の食習慣、食マナーなど、食卓に秘めた異文化にふれることで、より一層の理解が深められる仕組みになっている。

メニューは、実習する国の代表料理や家庭料理を中心に構成し、その国に欠かすことのできない料理をとりあげている。たとえばタイ料理でいえば、世界の三代スープの一つといわれているトムヤムクン（写真３）や肉入りサラダ（ヤムヌア）である。ベトナムは有名な生春巻き（ゴイクン・本章扉の写真）、ベトナム風お好み焼き（バンセオ）、インドネシアの黄色いおこわ（ナシクニン）、インドのキーマカリー、スペインのパエリヤ（写真４）、トルティーヤ、ロシアのボルシチ、ビーフストロガノフなどがあり、イタリアの代表的な料理ではパスタ料理のラザニヤや肉料理のサルティンボッカがある。スープのミネストローネなどは外せない料理である。

写真１　フランス料理の調理実習の様子

写真２　フランス料理の盛付け例

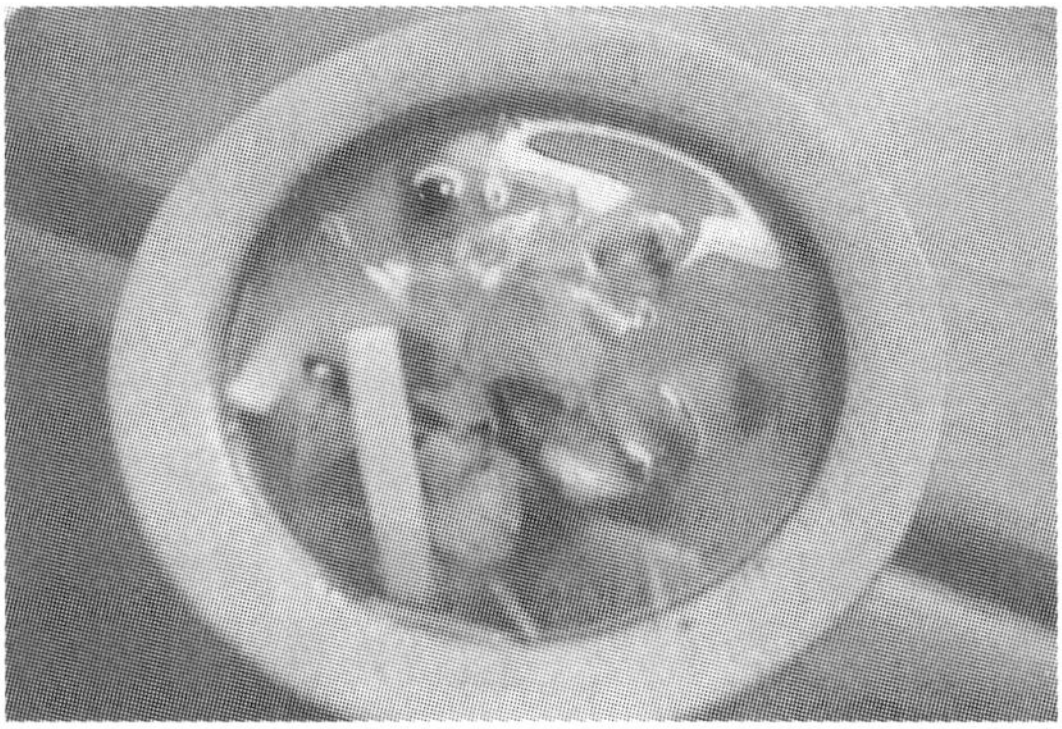
写真３　トムヤムクン（タイ）

メニューをたてるなかで世界の国々には似た料理がある。たとえば、中国の春餅（シュンピン）と韓国の九節板の皮（ミルジョン）はどちらも小麦粉を使ってクレープのように薄く焼いたものであり、具を皮に包んで食べるのである。

これらの料理はいずれも特別な、いわゆるハレの料理である。材料は違うが食べ方の似たものにメキシコのトルティーヤがある。これはトウモロコシの粉に水をまぜ薄くのばして焼いた皮であり、先と同様に具を包んで食べる。宗主国であったスペインにも同名のトルティーヤがあり、これは卵料理で副素材と一緒に丸く焼いたもので、いわゆるオムレツである。両国に同名の料理があることは国交の歴史からくるもので興味深い。

写真4　スペインの米料理・パエリア

他の国の卵料理にも似たものがあり、中国の芙蓉蟹《フーロンシェ》、韓国のジョンがその例である。卵を主体にして、それぞれの国独特の具を入れて焼いている。どれもその国で育てられ、愛されてきた庶民的な日常の料理なのである。当然、調味料や香辛料の使い方が違うので、味は異なって当然であり、それこそが食文化の違いである。まさに実習しながら異文化の比較ができるのである。

実習で使っているテキストは、実習担当教員たちで作成したものである。また教科書と同様の内容をインターネットで公開しているため、いろいろな方々からアクセスをいただく。それは小学生や料理に興味をもったシニア（男性）、主婦などであり、多様な質問が舞い込む。

小学生の場合は授業での生活研究における質問で、①世界でお米を食べる国はどんな国があるか、②お米を使った料理を教えて、③お米を使った料理の写真がほしい、④世界の料理を教えて、などである。シニアの場合は、①調味料はどこで売っているのか、②この調味料は何か、どんな味がするのか、③レシピ通りに作ったのにうまくできない、など本当にさまざまである。

また意外なことに、「長い間ベトナムに住んでいたので自分の作り方が美味しいよ」というように教えていただくこともある。そしてメールのやり取りがどんどんと増えていくのである。女性の場合は作り方の質問が多く、その質問は日本のみではなく、外国の方からもいただくこともある。しかし、レシピを公開すると質問や依頼が多くあり、なかなかそれらに対応しきれない。そのため、現在では、レシピの公開はしているが、アドレスは消去したままになっている。こんなわけで、食は世界を結びつけることができるのである。国が違っても、言葉は違っても、世界の人びとが一つのテーブルを囲み、料理を楽しむことができる。これこそが異文化理解ではないだろうか。

実習を担当して最近気づいたことだが、料理を知らない、使う食品素材を知らない学生たちが増えている。確かに新製品のスナック類やファストフードのことはよく知っているが、食品素材や料理の内容になるとわからない人が多いのである。これらの原因は個人の食歴に由来し、小さい頃からの食生活、とくに食べ物との関わり方にあると思われる。そして近年やっと、文科省では子どもたちの食教育に本腰を入れ、食育基本法を施行するにいたり、小学校などに栄養教諭を配置することになった。しかし栄養教育は学校だけの問題ではなく、個人個人の家庭にも問うべき性質のものである。

そこで本学の調理実習では調理操作の基本である、煮る、焼く、揚げる、蒸すなどを学ぶとともに、その基本をもとにして「世界の料理」に取り組んでいる。実際、二年間で三〇〇種類の料理を体験することになる。数多くの料理を作り、それらを経験することで、多種類の食品素材を理解することができる。実習を経験することは、科学的で無駄のない調理方法を学ぶことであり、また同じ素材を使い、種類の違う料理を楽しむことでもある。自分たちの食生活に関心をもち、もっと自分独自の味を工夫し楽しんでほしいのである。そして次世代に受け継いでもらいたい。しかし、これが今とぎれているのではないだろうか。

実習で何を求めるか。それは当然、食生活を安全なものにするためとともに、おいしさを追求することにある。食品素材に操作を加え、より美味しく食べるために、調理操作を合理的に行ない、食品素材のもつ性質を科学的に学ぶためである。しかし、日常の料理作りには今日まで伝承されてきた経験的な〝コツ〟もある。これらのコツも大切にしながら、美味しさの追求をめざしてほしい。

一九八六年にイタリアでスローフード運動がおこり、消えゆくおそれのある食材、質のよい食品を守りながら、消費者に味の教育などが進められた。その後、日本各地にも同様の運動が展開され、食材の生産と利用、手作りの料理を見直そうとする活動「地産地消」の考えが広がっている。それがスローフードであり、その土地で作ったものを、その土地で使い、大切にしようとする運動である。スローフード運動は、世界中の多種多様な味を大事にしたいものである。

また、この考えが「世界の料理」の実習に芽生えてほしいポリシーであり、本当のスローフード運動に繋がるのではないだろうか。違う土地で同じ材料を使い、同じ料理を作っても、同一の料理はできない。隣りの味噌汁と自宅の味噌汁の味が違うことなどを通して、私たちは小さな食文化比較を常に経験している。個人の食歴や地域、風土が違えば当然、でき上がったものは同じものにならない。これこそが文化の違いを学ぶことなのである。

私どもの実習「世界の料理」の目的は料理の手法を学ぶだけでなく、料理を通してその国の文化を学びつつ、自文化を見つめ直すことであり、食文化の大切さを知ることで、それを次世代にしっかりと受け継いでもらいたいのである。

写真5　中国での食文化研修

写真6　プラムケーキ

【コラム】異文化理解の実践②

増え続ける関西のベトナム料理店

吉本　康子

戦争や難民のイメージが強かったベトナムは、もはや過去の話だ。日本からもビジネスや観光などで多くの人びとが訪れている国、ファッションや食の分野で人気を集めている国、それが今のベトナムである。私はベトナムとは留学と調査を通して長年かかわってきた。そうした事情から常に気になるのが、日本で増え続けているベトナム料理店の存在である。

今から一四年前、私は大阪・難波にあった「サイゴンの味」というベトナム料理店で一年間ほどアルバイトをしたことがある。実は私が初めて訪れたベトナム料理店もこの店だ。経営者とシェフは、かつての南ベトナム（ベトナム共和国）出身の元留学生やボートピープルとして一九七〇年代から八〇年代に来日した越僑の人びとで、故郷の味を食べさせる店を持ちたかったからと、通訳業や塗装工などの仕事をしていた数人が共同で経営していた。シェフの二人はもともと料理人ではなかったが、友人に教わるなどして料理を覚えたと言っていた。

ヌックマム（魚醤）やライスペーパーなどベトナム料理に必要な特別な食材は、神戸の南京町にある食材屋や在日ベトナム人の知り合いを通して調達していたようだ。多くの日本人が食べ慣れていないシャンサイ

（香草）をたくさん使うなど、日本で手に入る限られた食材でより本場に近い味を出すことにこだわっていた。今でこそ普及しているフォー（ベトナム風肉うどん）やゴイクン（生春巻き）などを食べさせる店は、当時の大阪市内にはこの店くらいしかなかったのではないだろうか。

客のほとんどは日本人で、会社帰りふうの中年男性や若い女性の常連客などもおり、結構流行っていたのだが、残念なことにすでに閉店してしまっている。

あれからずいぶんと時間が経ち、日本でもたくさんのベトナム料理店を目にするようになった。タイ料理

写真１

写真２
（写真１、２とも阪急芦屋川駅近くの同じベトナム料理店）

ほど辛くなく、中華料理ほど脂っこくなく、野菜もたっぷり食べられるベトナム料理は日本人の舌にも合うと多くの人に好評だ。今、日本にはどのようなベトナム料理店があるのだろうか。インターネットで関西にあるベトナム料理店を調べ、いくつかの店を食べ歩いてみた。

関西では老舗と呼ばれるベトナム料理屋のなかで、今も営業を続けている店のひとつが一九八八年創業の「鴻華園」（神戸市中央区）だ。この店を経営しているのは、二五年ほど前にベトナム北部の港町ハイフォンからボートピープルとして日本に来た華人の夫婦である。民家が並ぶ狭い路地に建つ店の外観は下町の中華料理屋という感じで、看板には「中華・ベトナム料理」と書かれている。

メニューにはベトナム料理の定番となっている生春巻きはないが、中華料理のように比較的こってりとしたものが好みの客にはおすすめの店である。店の人気メニューは蒸し春巻き（バインクオン）。この店のつけ汁は他のベトナム料理屋では食べられない餃子のたれのような味が特徴だ。米粉で作った麺（フォー）を肉や魚介類などの具とともに炒めてヌックマムで味付けした「フォーサオ（フォー炒め）」もおすすめの一品。店の奥さんによると、一時は自家製の生麺を作っていたらしいが、パサパサしたベトナムの米と違い、もちもちした日本の米では簡単においしい生麺が作れないので、今は乾麺を使っているという。

食べ歩くうちにわかったことだが、一九九〇年代前半までに開業したベトナム料理店のほとんどは、元留学生やボートピープルとして日本に暮らすようになったベトナム人が経営するものであるが、後半以降になると、ベトナムを訪れて料理の美味しさに触れた日本人たちも経営に乗り出すようになっているということである。

大阪におけるベトナム料理人気に口火を切ったことで知られる「アンゴン」は、ベトナムを放浪中に知り合って意気投合した経営者と総料理長が一九九九年に立ち上げた店だ。当時、若者の人気スポットとして注目を浴びるようになって間もなかった南船場にオープンし、たちまちおいしいベトナム料理屋として知られるようになった。

現地から仕入れた調度品や食器が使われていることも、異国の雰囲気があって人気を呼んだのだろう。開業してしばらく経ったころに私も何度か足を運んだが、いつも予約でいっぱいで、若い女性客がたくさんいたのを覚えている。最近になってこの店を訪れたときには、そのメニューの分厚さに驚いた。開いてみると、食べ物と飲み物のメニューだけでなく、店の成り立ちや「メコンデルタのガーデンレストラン」をイメージしているという店のコンセプト、お勧め料理、姉妹店の情報、さらにベトナムから招聘したという六人のシェフの写真入りプロフィール、ベトナム料理に使われるハーブや調味料の図鑑まであって、ちょっとした事典のようになっている。一二種類のつけ汁も用意し、現地の食材を使って現地の味を再現しているという味へのこだわりは、ベトナムを存分に味わってもらおうという意気込みが伝わってくる。

この店の人気メニューのひとつである「ブンチャー（焼肉つけビーフン）」は、網で炙った肉やつくねが入った甘酸っぱいつけ汁にビーフンや香草を入れて食べる、私が最も好きなベトナム料理の一つである。乾麺のビーフンを使っていることや香草の種類が少ないことを除けば、確かに現地の味に近い。「アンゴン」の経営者はその後も「コロニアルなカフェ」、「ベトナム大衆居酒屋」といったコンセプトをもたせるなど、ベトナムを異文化としてみる日本人の感覚を活かして、それまでのベトナム料理店とは一味違った店舗を展開している。

二〇〇〇年から二〇〇五年には大阪と神戸に一五軒のベトナム料理店が開店している。この時期になると、日本人が経営する店が一一軒と断然多くなっており、そのうち六軒はシェフも日本人である。経営者もシェフも日本人という「ベトナムフラッグ」は株式会社ニョッキが経営する店で、二〇〇五年現在で大阪と神戸に四店舗を構えている。チェーン店というだけあり、どの店舗に行っても画一化された印象を受ける。

二〇〇一年に開業した「インドシナ」は、オーナーが日本人、シェフは五歳のときにベトナムから日本に移住したというベトナム人だ。ホームページを見ると店のコンセプトは「日本において、おいしいベトナム料理、特に家庭のおいしいごはんを提供するお店であること」。そのため、現地直輸入や現地の味といった言葉にはこだわらないそうだ。「日本の社会で生活をしながら家庭ではベトナムの味に親しんできた」というこの店のシェフだからこそ提示できるコンセプトといえるだろう。

関西のベトナム料理店を歩いてみると、店を経営する人、料理をつくる人、そして食べる人もさまざまな歴史的、文化的背景をもつようになってきているという実態が見えてきた。そして、おのおのが、それぞれの「ベトナム料理」を実践しているということがわかった。そうなると「本場のベトナム料理」や「本場の味」といった概念にも揺らぎを感じてしまう。しかし同時に、素材や風味は違っていても、ある程度共通したベトナム料理の特徴も確認できる。

ベトナムに住んでいたころ、あるベトナム料理通が、ベトナム料理は辛味、塩味、旨味、酸味、甘味の五つがそろってはじめて美味しいといえるのだ、と言っていた。たとえばベトナムの人びとはパイナップルに必ずといっていいほど塩と唐辛子を混ぜたものをつけて食べるのだが、これも果物の甘味と酸味と旨味に、唐辛子の辛味と塩の塩味を加えることでよりおいしくしているという。味付け以外にも、ベトナム人は「熱い（ノン）」食べ物と「涼しい（マーッ）」食べ物の組み合わせにこだわる。熱い、涼しいといっても、「マンゴーは熱い果物」、「マンゴスチンは涼しい食べ物」というように、必ずしも温度を基準にしているわけではない。いずれにしても「熱い」食べ物には「涼しい」食べ物が必要とされ、たとえば一般的に「熱い」食べ物とみなされる油を使った肉料理は、「涼しい」食べ物、つまりハーブなどの野菜類とともに食べるのが一番美味しい食べ方というわけだ。

日本でもお馴染みのベトナム風の揚げ春巻き（チャーゾー）は、ひき肉、木耳（きくらげ）、カニ身などを混ぜた具をライスペーパーで巻いて低温で揚げたものを、大葉、バジル、ミントなどに巻き、ヌックマム（魚醤）、レモン、砂糖、唐辛子、にんにくなどを混ぜた甘酸っぱくて辛いつけ汁（ヌックチャム）につけて食べるのであるが、この味付けや食べ方も、肉や油の「旨味」に他の四味を加える、「熱い」春巻きに「涼しい」野菜を組み合わせる、という発想が基本となっているのだろう。こうした組み合わせや食べ方は、春巻きの具や野菜の量、つけ汁の味などに多少の違いはあっても、関西のベトナム料理店にある程度共通しているのだ。

写真3　五味、「熱」「涼」が調和したブンチャー

日本におけるベトナム料理店の数はこの一〇年くらいで急激に増えた。私が非常勤講師として接したことのある当時の学生の一人は、電話帳を用いて全国のベトナム料理店の所在や設立年を調べ、二〇〇〇年以降に全国で毎年二桁に届く勢いでその数が増えていることを明らかにしている（田崎昭子「日本におけるエスニック

料理店――ベトナム料理店の現況」二〇〇五年度園田学園女子大学卒業論文）。

十数年前まではあまり存在が知られていなかったベトナム料理店。現在では、その時の気分に応じて店を選択できるほど店の雰囲気や味も多様化している。各店舗は独自のメニューやサービス、店舗の雰囲気をつくり出そうとしているし、客として訪れる側もそうして選択肢が広がることに魅力を感じているといえるだろう。最近では、ベトナム人を主体とする「ＮＧＯベトナムin Kobe」がベトナム料理のケータリングサービスを開始し、大阪にもテイクアウトができる「ベトナム弁当」を扱う店が登場した。近い将来、ベトナム料理のデリバリーが登場するかもしれない。

食に対する健康、安全志向が高まり、一〇年後には五人に一人が六五歳以上の世代になるといわれている日本において、野菜を豊富に用いたヘルシーなベトナム料理を扱う店は今後も増えていくだろう。

食から食の多様化や変容の研究をすすめるためにも、日本におけるベトナム料理店は興味深いテーマの一つとなるだろう。さらに、それを日本における異文化体験の場として位置づけるとすると、調べる、（食べ）歩く、観察する、聞く、といった研究の手法を取り入れて異文化理解を実践するための、学生にとってもまたそれを指導する教員にとっても魅力的な「調査地」となりうるといえよう。

第2章
グローバル化と食のポリティクス

キリスト教のほか、豚肉を食べないイスラーム教、牛肉を食べないヒンドゥ教など、異なる宗教・民族の混在するフィジーのマクドナルド店。鶏肉、魚肉、野菜バーガーのほか、飲み物やアイスクリームが売られているが、牛肉のハンバーガーは見当たらない。（フィジー・スヴァ　写真：河合利光）

食文化ミニアルバム——中国漢民族湖汕民系の家庭料理

① 中国の中部地方にはよくある料理、マーイーシャンシュー（螞蟻上樹〔アリの木登りの意味〕）を湖汕民系の伝統料理の食材に替えて作ったフュージョン料理。マーイーシャンシューのトウガラシを抜き、肉を大きめに刻み、キノコとネギを加えて、ビーフンを豆粉（豆から作ったビーフン状のもの）に替えたもの。

② 水餃子。中国南部では儀礼食ではなく、夕飯の主食である。大鍋から小皿に移し、箸で食べる

（写真①②：河合利光）

テーマ1

グローバル化した韓国式中華料理
――再現地化する食――

林　史樹

はじめに

食のグローバル化について語るとき、リッツアが提唱した「マクドナルド化」の議論がしばしばあがってくる。[1] 本来、マクドナルド化で注目されるのは、マクドナルドがグローバル化し、全世界的に普及するのにともなって、マクドナルド戦略の特徴である効率化、均一化、マニュアル化、メニューの予測可能性（後述）を含む合理化が、世界各地に文化として根づいていったという議論である。これも細かくみれば何をもって効率とするのかに始まり、マニュアル化の仕方などにも地域差があるなどローカル化から完全に自由でなく、マクドナルド化という現象自体にもローカル化が不可避であることがわかる。ところが、リッツアが指摘したマクドナルド化のなかでも、とくにマクドナルドの商品であるハンバーガーという一部だけに着目し、ローカル化を指摘する傾向がみられる。

これら特定の食に対するグローバル化とローカル化については、ワトソンらや前川啓治が、マクドナルドを引き合いに指摘している。[2] マクドナルド化はもちろんのこと、食のグローバル化もローカル化の過程から自由といえないのである。いうまでもなく、ある程度のローカル化が必然的に起きることでグローバル化が可能となる。そこで前川などは、グローバル化とローカル化が同時進行で起きていることを意味する造語として「グローカリゼーション」と提唱し、議論を展開している。しかし、食のグローバル化を取り巻く状況はより複雑である。グローバル化と同時進行でリ・ローカル化（relocalization）ともいえる食の「再現地化」が生じているからである。これは近年に目立って指摘される人的移動の増加とも関係する。

本稿では、「チャヂャン麺」をはじめとする韓国式中華料理を事例にとりあげ、食の再現地化について検討してみたい。(3)

1 「食の現地化」とは何か

これまで食のグローバル化やローカル化については、さまざまな機会に指摘されてきた。(4) しかし、ここで目的とする「再現地化」の脈絡に沿った論考は、あまり多くないように思われる。(5) たとえ、それに近い論考は出されていても、再現地化自体についてはあまり言及されていない。韓国の事例で探そうとすれば、さらに文献が限られてくる。(6) 興味深いことに、韓国語文献を探してみると、さらに見当たらない。韓福眞などが韓国・朝鮮における食文化の概論書のなかで外来食について言及しているが、(7) 外来食自体の研究は、外食産業に関するものを除くと、きわめて少ない。

理由はさまざまに考えられるが、伝統と正統性を重視する韓国人研究者の指向性がそこに反映されているものと思われる。一九八〇年代以降、外食産業経営が韓国で注目され、外国資本のフランチャイズも含めて、外食をキーワードにした論考は多数公表された。しかし、大半は外食産業自体を経営学的な視点から分析しようとするもので、部分的に外来食を扱っても、外来食の変遷などに着目したものはほとんどない[8]。

さらに先行研究において、韓国に関する食の現地化は扱っても、それが国外へ伝わったときの過程、つまり再現地化について扱ったものはない。それは、グローバル化を想定しなくてもよい状況があったからともいえる。

前出の前川も、「日本独自の展開のなかで生まれたローカライズされたメニュー」としての「てりやきバーガー」が台湾や香港のメニューに定着していることをあげている。そして、その味が「またその土地の人たちの舌に合うように微妙に変化（ローカライズ）させられて」おり、「グローバリゼーションと、それに対するグローカリゼーションの一対の過程が、入れ子的に複層的に存在している」と指摘している[9]。

しかし、てりやきバーガーと本稿で扱う韓国式中華料理の間には、大きく異なる点がある。てりやきバーガーは、すでにマクドナルドという規格化した枠内で、ある程度、予測可能な新メニューとして登場したものである。つまり、マクドナルドの地域限定商品として出現し、それが他地域でも受け入れられたものといえる。これは日本の吉野家で、「本場」（韓国）にもない「豚キムチ丼」なるメニューが登場したのと変わらない。それが習慣化し、当地の食生活に根づく過程が抜けているためである。

本稿でいう「現地化」とは、このように規格品に少し現地色をつけ加えるとか、現地風味にするといったレベルのことではない。前川のあげた「ローカル化」は本稿の事例より広義の意味をもつため、若干の区別が必要になってくる。そのため本稿では、現地の生活習慣との結びつきの意味を強調して「現地化」という語を新たに用いることにしたい。そして、それがさらに別の地域（とくに本稿では発祥地とされる地域）で現地化されることを「再現地化」と呼ぶことにする。

また本稿でいう韓国式中華料理とは、カラメルが入った黒い味噌「春醤（チュンヂャン）」で具材を炒めて麺にかけたチャヂャン麺（炸醤麺：ツァーチャンミェン）や、唐辛子を用いた赤いスープのチャンポン（炒碼麺：チャォマーミェン）、日本のタンメンのようなウドン（大滷麺：タールーミェン）、甘酸っぱいソースを別途にかけて食べる酢豚[10]（糖醋肉：タンツーロウ）など、現在の韓国で「中華料理」とみなされている料理のことである。そのほか、韓国の家庭でよく作られるチャプチェ（炒肉：チャオロウ）も中華のメニューにある。韓国式としたのは、これらの料理が主に南北分断後の韓国で出現したこと、そして「本場」とされる中華料理とは別のものとして、人びとに捉えられているためである。

2 韓国における中華料理の現地化

日本においても中国や朝鮮半島から入った料理形態や技法が「現地化」した事例がみられるように、朝鮮半島で同様な現地化が起こったことは想像に難くない。朝貢をはじめとする人的交流があった以上、生活習慣や文化的事象の相互交流があったことも大いに考えられる。そのなかに、当然として料理形態も含まれる。ただ一般的な認識として、中華料理（清国料理）が市中に現われたのは、一八八二年の「朝中商民水陸貿易章程」以降とされる。

植民地時代、雅叙園・金谷園・大観園・四海楼といった中華料理店が最高級の料理店として富裕層に利用されたほか、冠婚葬祭のときに中華料理店を利用するなど、[11]特別な場所であったようである。一方、一九〇〇年代初期に、ソウルにホットッ（胡餅）屋が、[12]一九二四年に中国のそば屋があったことから、[13]中華料理店も富裕層が利用する高級料理店と、現代でいういわゆるファーストフード店に二分していたと考えられる。これらの顧客がどの所得層の人びとであったかは定かでないが、炸醤麺（ツァーチャンミエン）をもとにしてつくられたチャヂャン麺が一九〇〇年代初めに労働者の間で人気であったということからも、低賃金所得者のためのチャイニーズフーズもあったことがわかる。

ただし、以上のような二極化はあったにせよ、一九四〇～一九五〇年代を知る人びとの間では、一九六〇年代まで中華料理店は一般的でなく高級料理であった、と一般的に言われる。

一九六二年頃から深刻化する食糧問題を受けて「節米運動」が叫ばれ、一九六三年からは米食を制限する「米なしデー」が始まる。これら食糧不足からくる政策のなかであおりを受けたのが中華料理であった。この食糧不足から韓国政府はアメリカから余剰農産物を食糧援助として大量に受け入れ、混食や粉食を奨励していく。それと同時に、麺類の供給も不足がちで、中華料理店全体の三〇%が休業の危機にさらされる。[14]さらに、一九七〇年代に入ると、チャヂャン麺が物価安定のための基本品目として価格規制の対象となったため、自由に値上げでき

写真1　仁川華僑街入口に立てられた「中華門」

写真2　釜山華僑街の風景

なくなった。[15] 価格規制によってチャヂャン麺が一般化したとも指摘されるが、華僑経営者側はかえって価格が自由に決められない心理的圧迫を強いられ、経営も難しくなったという。

一九七三年に出されたサルパプ（米飯）販売禁止令は、朴正熙政権時代の米不足のなかでの政策であったが、それは韓国料理店・日本料理店・西洋料理店などには禁止令が出なかったのに対し、中華料理店だけが禁止の対象になった。そのため華僑の反発が起こり、三ヵ月で廃止されたが、中華料理店を営む華僑たちに心理的な重圧を与えた。[16] また、一九七三年に政府は「家庭儀礼準則」を定めた。これは家庭儀礼を華やかに行なわず、国力増強のために質素倹約を説いたもので、中華料理店を念頭においた政策ではなかったが、結果として宴会などの中止で中華料理店も打撃を受けた。[17]

この頃までは中華料理店といえば、韓国華僑の独占状況にあった。これは韓国社会においてマイノリティである華僑の就業が困難であったこと、そのなかで生計を確実に立てていける方法であったためである。また実際には、先のような政策がだされても、中華料理店でかなり財産をたくわえた華僑もいる。ところが、一九七六年の朴正熙による教育権と財産権の剥奪政策を前後して韓国人経営者による韓国式中華料理店が増加してくる。[18]

一九八〇年代になると中華料理店の集客力が高まる。一九七〇年代に入って外食産業が盛んになり、都市部勤労者が食事を外食で済ませるようになるなど生活習慣の変化があったことと、高度経済成長で個々人の経済力の上昇があったことが、その背景にある。後者の象徴としてあげられるのは、在日資本のロッテリアが一九七九年に韓国進出したのを筆頭に、[19] ハンバーガーやファミリーレストラン、ピザのチェーン店が一九八〇年代に増加したことである。いずれにせよ、一九八〇年代を前後して都市部に集中し始めた労働者が昼食をとるために中華料理店に出向いたり、出前を利用するようになったことが、中華料理店の拡大につながった。

一九九〇年代からの韓国式中華料理は高級化が進んでいった。その代表的なものとして三鮮料理があげられる。「三鮮」とは本来はハコエビ（またはイセエビ）、アワビ、高級ナマコという三つの高級海産物を指し、この具材を用いたメニューには「三鮮」を付け、たとえば「三鮮チャンポン」のように呼ぶ。ただ、実際は小エビ・イカ・低級ナマコ・ホタテの貝柱などの海産物も含めて、そのなかから三種類を用いる。いずれにせよ、従来の具材よりも高級感をもたせた料理を指す。赤嶺淳によれば、一九八〇年代後半になってフィリピンから韓国向けの干ナマコが輸出されるようになった[20]。輸出額も一九九〇年から急上昇するが、とくに高級種の輸出が伸びたという。これらの消費先は韓国内の中華料理店であり、それだけ中華料理の高級化が進み、三鮮料理の需要が高まったことを意味している。

一九九〇年代中頃から後半にかけて、「イェンナル・チャヂャン（昔風チャヂャン麺）」や「ソン・チャヂャン（手打ちチャヂャン麺）」の専門店が目立つようになった。これは食の多様化と捉えられたが、他方で、とくに一九

写真3　チャヂャン麺の発祥地とされる仁川「共和春」

写真4　韓国で一般的なチャヂャン麺

写真5　韓国で一般的なチャンポン

九七年の金融危機前後の不景気の頃、イェンナル・チャヂャンは、ちょっとした値下げ商品としても消費者の気を引いた。

二〇〇〇年代に入り、店舗自体の変化として注目されるのは中華料理店の分化がみられたことである。独自ホームページなどで新装した店舗を紹介するなど、一九七〇年代から一九八〇年代にかけて強まった出前や大衆料理といった庶民的なイメージの一新が試みられた。それはまさに、植民地時代に栄えた高級店のイメージにも劣らない高級宴会場あるいは洒落た外食の場としての中華料理店の出現であった。その一方で、チャヂャン麺専門店や餃子専門店など、大衆層に積極的に入り込んでいく中華料理店もあった。

また中華料理自体としては、メニューの多様化がみられた。たとえば、チャヂャン麺などにも、さまざまな種類が出てくる。そのほか、無国籍料理として中華料理が利用されていく方向性も無視できない。ある無国籍料理チェーン店の創作メニューには、「四川八宝菜」や「四川テンダーサラダ」などがある。[21] このことは同時に、中華料理が中華料理店だけで提供される独占物でなくなってきたことを示している。

3 海外移民とグローバル化した韓国式中華料理

(1) 海外移民の歴史

つぎに、前述したような過程を経て現地化された韓国の中華料理が、海外でどのように受け入れられるようになったかを紹介する。ただし、個々の事例を紹介する前に、韓国からの海外移民について少し説明していくことにする。

近年、韓国では、海外移民がちょっとしたブームであり、移民博覧会や留学博覧会も人気である。テレビのホームショッピングでは、移民に関する手続きをすべて代行してくれる「移民商品」まで販売されるほどである。年間の移民は約一万人で、一九九五年には一万六〇〇〇人に達した。海外に移住した韓国・朝鮮系（以下、朝鮮系）の人口約六七〇万人に、[22]移民予備軍ともいえる海外で事業を行なう者や長期留学生などを含めると、海外に生活基盤をもつ人口は相当な数にのぼる。

　これらの移民は大きく二つのグループに分けられる。一つは南北分断以前からの移民であり、もう一つは南北分断以降の移民である。ただし、朝鮮民主主義人民共和国からの移民の数は、亡命を除けば、数はわずかと考えられる。

　日本などの他国からの圧迫から逃れるため、陸続きの中国大陸への移住、宮内府の傘下機関として、一九〇二年に設置された綏民院《すいみんいん》を通じたアメリカへの移住、あるいはまた、ソ連当局による対日政策をにらんでの一九三七年から行なわれた沿海州朝鮮人のカザフスタンなどの中央アジアへの強制移住など、さまざまな歴史的事情から移民が始まった。現在、これらの子孫とその後の移住者をあわせると、中国で約二五〇万人、アメリカで約二〇〇万人、ＣＩＳ（旧ソ連邦）で約五五万人である。そのほか、日本に約九〇万人の同胞がいるとされる。

　朝鮮半島の独立解放直後の人口流出としては、済州島四・三事件や朝鮮戦争などが契機となったものもある。しかし、南北分断以降の韓国において海外移民が活発化したのは、一九六二年三月に海外移住法が制定され、国民の海外進出が国家的規模で奨励されてからと考えられる。この頃から、ブラジルなどを中心に再び海外移民が盛んになった。その後は受け入れ先の国家政策など、地域ごとに事情が異なるが、大きく一九七〇年代から八〇年代は政情不安や政治不信のため、それ以降はビジネスチャンスを求めて、あるいは近年ではたくわえた財産でもって余生をすごすための投資移民や子女教育などの理由で、英語圏を中心に移民が続いている。

　そのほか、短期的な人的流出としては、一九六三年から実行された、西ドイツ（当時）への看護師・鉱夫派遣がある。また、一九七四年に、朴正煕大統領が石油ショックによる危機の打開策として産油国への労働力派遣を発表したことから、その直後より、中東出稼ぎブームが起こった。

(2) ハワイ・ホノルルの韓国式中華料理

ハワイは総面積が約一万六〇〇〇平方キロメートルであるが、そのうちホノルルを有するオアフ島の面積は一六〇〇平方キロメートルと、沖縄本島(一二〇〇平方キロメートル)より少し大きいほどである。人口は全島で約一一七万人、そのうちオアフ島に約八七万人が集まっている。

ハワイは、歴史的に日系人や華僑系を中心とする東洋系が多く移民した土地として知られているが、朝鮮半島からの移民の歴史も古く、一九〇三年一月一三日から始まる。現在、アメリカには約二〇八万人の朝鮮系移民がおり、そのうち約三・五万人がハワイに居住している。ただし、不法滞在者などを含めると、六万人にも及ぶといわれる。ハワイの人口が約一二〇万人であることから、全人口の約三%、不法滞在者まで含めると二〇人に一人の割合になる。いずれにせよ、多くの朝鮮系が居住している地域であることは間違いない。

朝鮮系移民の中心的な居住地であるケアモク通り周辺は、もともと日系人コミュニティが存在していたが、一九七〇年代頃から建ち並んだ遊興飲食店で働く朝鮮系女性が入り込んできたのがコミュニティのはじまりとなる。そのうち、親族を呼び寄せるなどして、大量に朝鮮系移民が移り住み、徐々に日系人が駆逐され、コリアン・コミュニティのようになった。

韓国華僑もアメリカに約一万五〇〇〇人が居住するといわれるが、一説にニューヨークだけで一~二万人がいるともいわれ、実数は不明である。ハワイには二〇人ほどが居住していると現地の韓国華僑から聞いた。二〇〇三年、ケアモク周辺には三軒の韓国式中華料理店があり、そのうち二軒が韓国華僑経営であった。残りの一軒も、もともと華僑経営の料理店を買ったものである。朝鮮系移民のタウンページといえる『韓人録』[23]によれば、ホノルルには韓国式中華料理店が十数軒ある。

ダウンタウンに隣接して位置するチャイナタウンに中華料理店は多く集まるが、ケアモク通り周辺に集まったのが韓国式中華料理店である。これらの店舗にはまず北方中華料理・北京料理・山東などと記され、韓国華僑の故郷との関係が強調されるのも特徴である。ここでは黒いソースのチャヂャン麺や赤いスープのチャンポンなどが出てくるが、味は韓国のものと大きく変わらない。ただし、店舗によって水気が多かったり、大皿で出てきたりといった違いがある。また、以前にあった韓国華僑による経営の韓国式中華料理店では、キャベツのキムチが出てきた。

自らを「北方」と差別化するのは、韓国華僑が大半を占める南方出身の華僑に対して他者意識をもっているためで、とくに南方華僑とは言語や習慣、考え方が異なると考えている。それゆえに、生活習慣が似たコリアン・コミュニティで生活することを選んだといえる。もちろん、彼らがその一角に店舗を構える理由として、韓国式中華料理はコリアン・コミュニティであるからこそ、より需要が望めることもあるが、近年にはケアモク周辺の地価上昇のために別の場所に移ったり、郊外にある別のコリアン・コミュニティを求めていく動きもみられるようになった。そのほか、朝鮮系経営者による韓国式中華料理店も存在するが、立地条件に関しては、まったく同じ状況である。加えていえば、朝鮮系ゆえに、よりコリアン・コミュニティに依存するといえる。

ただし、顧客は朝鮮系に限らない。ある韓国華僑の中華料理店は、日本人団体客も引き受けている。韓国華僑によくあることだが、経営者は日本に留学経験があり、中国語・韓国語・日本語・英語が話せるからである。ときに「韓国式中華料理」との説明を受けても、日本の旅行客は、そこで提供される中華料理を単に「ハワイの中華料理」と捉える。こうして韓国式中華料理が、人びとの枠を越えてさらに広がりをみせていくのである。

(3) フィジーの韓国式中華料理

フィジーは総面積が約一万八〇〇〇平方キロメートル（四国とほぼ同じ）で、人口が約八九万三〇〇〇人（二〇〇五年度）である。中心となるヴィティレヴ島の面積が約一万平方キロメートルで、そこに全人口の七五％ほどが居住している。長くフィジー系とインド系が対立してきたフィジーに、近年になって朝鮮系移民が増えてきた。まだ人口規模が約一〇〇〇人と少ないが、フィジーが移住先として注目されるのは、温暖な気候と安い物価、英語圏であることなどがあげられる。そのためフィジーでは老後を考えた投資移民が中心となっている。そのほか最終的にアメリカ、カナダ、オーストラリアなどに移民するための経由地として、子女の語学教育を念頭において移民する人びともいる。島内に移住者のためのビジネスチャンスが少ないことが、移住者の多くない理由にもなっている。

朝鮮系が少ないため、韓国料理店はいくつかあっても、韓国式中華料理に特化した料理店は存在しないようである。また韓国華僑もいないとのことであった。ただし、韓国式中華料理に特化した料理店ではなくとも、チャヂャン麺を提供する料理店は一、二軒あるようで、韓国料理店のメニューとなっている。

韓国式中華料理店ができないのは、フィジー全体の人口規模が少ないという理由からだけでない。約一〇〇〇人の朝鮮系移民は、島東部に位置する首都であり行政都市であるスヴァに約七〇〇人、島西部に位置し国際空港をもつ観光都市のナンディに約二〇〇人、フィジー第二の都市ラウトカなどその他地域に約一〇〇人と、分散して居住している。ある移住者によれば、少なくとも一箇所に一〇〇〇〜二〇〇〇人はいなければ特定の集団を対象にした料理店は成り立たないという。韓流ブームが及ばないフィジーでは韓国料理店もまだ需要が多いといえず、日本料理店を経営する朝鮮系もいる。中華料理自体の需要は少なくないと思われるが、日本料理店を経営する日本人が少ないのに比べ、中華料理店は中国系移民が多く占めているうえ、排他性があることも理由と考えられる。

フィジーのように移民規模が小さい場合、韓国での人気メニューに限って韓国料理店が韓国料理のなかにチャヂャン麺などの中華料理をメニューに盛り込むことがある。それでもフィジーでは、移住者が多いスヴァに限られており、他地域では成り立たないらしい。そして移住者が増えると、他の韓国式中華メニューも含めた韓国式中華料理店ができるのである。

(4) シドニーの韓国式中華料理

シドニーは、約四〇〇万人を抱えるオーストラリア第一の都市である。オーストラリアには先住民とされるアボリジニをはじめ、さまざまな地域から人びとが集まり、人種のるつぼとなっている。オーストラリアには統計上で約八・四万人の朝鮮系移民が住んでおり、シドニーには約七万人が集まっている。シドニーには、ケンプシー、ストラスフィールド、イーストウッドの朝鮮系の三大コミュニティがあり、その他ベルモア、チャッツウッド、商圏であるシティやパラマタなどにも朝鮮系移民が進出している。

多くの移住者がいるにもかかわらず、韓国式中華料理店は多くなく、移住者にたずねても同様の回答が返ってくる。朝鮮系情報誌によれば、華僑を含めた韓国からの移住者経営の料理店はシドニーに約一三〇軒である。[24]そのうち中華料理店と思われる料理店は一〇軒前後である。[25]そのうち華僑経営の中華料理店は一軒で、別に餃子屋が一軒。以前はもう少しあったが、華僑が再び移民していったり、朝鮮系に店舗をゆずるなどして現状にいたった。韓国華僑人口も減少傾向にあるらしく、現在は一〇〇人を切っている。その代わり、シドニーでは朝鮮系経営の韓国料理店で、韓国で人気のチャヂャン麺やチャンポンといったメニューをつくっているところが多かった。

ホノルルと同様に、シドニーでも中華料理は外来食の一つにすぎない。そのためか、シドニーの韓国式中華料理はとくに再現地化の過程を踏んでいなかったように思われる。それには、材料や調味料が輸入や現地調達である程度まかなえる状況にあったことも、条件として付け加える必要がある。ただ、副菜としてつけるキムチの材料である白菜が調達できないため、代わりにキャベツを用いていた。

ある朝鮮系経営のレストランでもチャヂャン麺とチャンポンはメニューとしてあったが、そこでは手打ちうどんの麺にチャヂャンをかけたものをチャヂャン麺と呼んでおり、同様の麺に赤いスープと海産物をのせたものをチャンポンと呼んでいた。「中華」の麺に手打ちうどんの麺を用いていたのは、その料理店で日韓中の料理を扱っているため、材料を少しでもまとめたかったからであった。しかし、この事例は、チャヂャンをのせた麺であることや炒めた海鮮の具材に赤いスープが入っていることが、今やチャヂャン麺や韓国式のチャンポンの条件となってきたことを示している。

(5) 東京の韓国式中華料理

日本にいる在日韓国・朝鮮人は約九〇万人で、朝鮮半島にルーツをもつ帰化者を含めると全体で一〇〇万人を超えるともいわれる。このように日本には多くの朝鮮系移住者がいるが、ここで注目されるのは一九六五年の日韓国交正常化以降に移住してきた「ニューカマー」と呼ばれる新たな定着者たちである。統計では一一万人ほどといわれるが、実際に不法滞在者も含めた実数は、二〇〜三〇万人にも及ぶという[26]。同様に朝鮮系で、ときに「同じ民族」と語られるが、この両者には韓国式中華料理を通してみたとき、違いがみられる。

約九〇万人のうち大阪には約二〇万人、東京に約一五万人が住んでいる。東京における朝鮮系移住者の拠点として、荒川区三河島や台東区上野、そして新宿区大久保などがあげられる。ただし、三河島や上野は、一九六五年以前の移住者およびその子孫を指すオールドカマーのコミュニティであり、大久保などはそれ以降の移住者を指すニューカマーのコミュニティである。

興味深いのは、前者のコミュニティでは韓国式中華料理店がほとんどみられなかったのに対し、後者にあたる大久保などでは韓国式中華料理店がコミュニティ形成期からいくつかみられたことである。この差を考えると、おおよそ次のとおりになろう。

オールドカマーは植民地期から朝鮮戦争の余波が残る時期に移住してきており、先述のように中華料理が高価で、日常的に親しんだ人びとではなかった。つまり、韓国式の中華料理が食習慣として定着しなかった人びとであったといえる。一方、ニューカマーでも、とくに一九八〇年代以降に移住してきた人びとは、時代的にもチャヂャン麺といった韓国式中華料理に特別な思いをもつか、食習慣化した世代であった。この食習慣の差が、「同一民族」といえど、移住後に特定のメニューを求めるか否かの差をつくりだしたと考えられる。東京の事例は、食に関しては習慣性が強く働き、必ずしも「民族」といった枠で語られるものでないことを示している。

（6）台北・永和の韓国式中華料理

台湾は面積が約三万六〇〇〇平方キロメートル（九州とほぼ同じ）で、人口が約二三〇〇万人である。そのうち台北には約二六〇万人の人口が集まっている。韓国と台湾は一九九二年に国交断絶をしたこともあり、韓国からの移民は多くみられず、約三五〇〇人にすぎない。しかし、台湾は現在でも韓国華僑の有力な海外移住先であり、韓国という地域からの移民が多い場所といえる。その総数は不明であるが、中華民国僑務委員会によると、[27]韓国からの出国ピークがすぎた一九八二年から二〇〇三年までだけでも五二〇一人に及んでいる。中華総商会によれば、[28]一万人ほどが居住しているといわれる。

台湾で有名な韓国華僑コミュニティとしては、台北県永和市中興街があげられる。以前は西門近くにも集住地区があったが、現在では永和市に拠点が移っている。それ以外には、学生街である師大路周辺や台北駅付近にも、何軒かの韓国華僑経営の料理店が存在する。彼らは近年の韓流ブームから韓国料理店を開くことが多かったが、そこでメニューとして組み入れられたのがチャヂャン麺を指す（韓式）炸醤麺（ツァーチャンミェン）であり、チャンポンを指す炒碼麺（チャオマーミェン）であった。ただし、台北駅地下街の韓国料理店などでも韓式炸醤麺と書かれたチャヂャン麺は台湾市内の炸醤麺と類似した味であっても、「韓国式」の黒いソースがのせられている。ある店主によれば、コクをだすため、黒いソースのもととなる春醤（チュンジャン）に、韓国のものと台湾のも

写真6　台湾・永和市にある韓国華僑コミュニティ

写真7　台北市内にある韓国華僑経営の韓国料理店（炒碼麵や炸醬麵の文字がある）

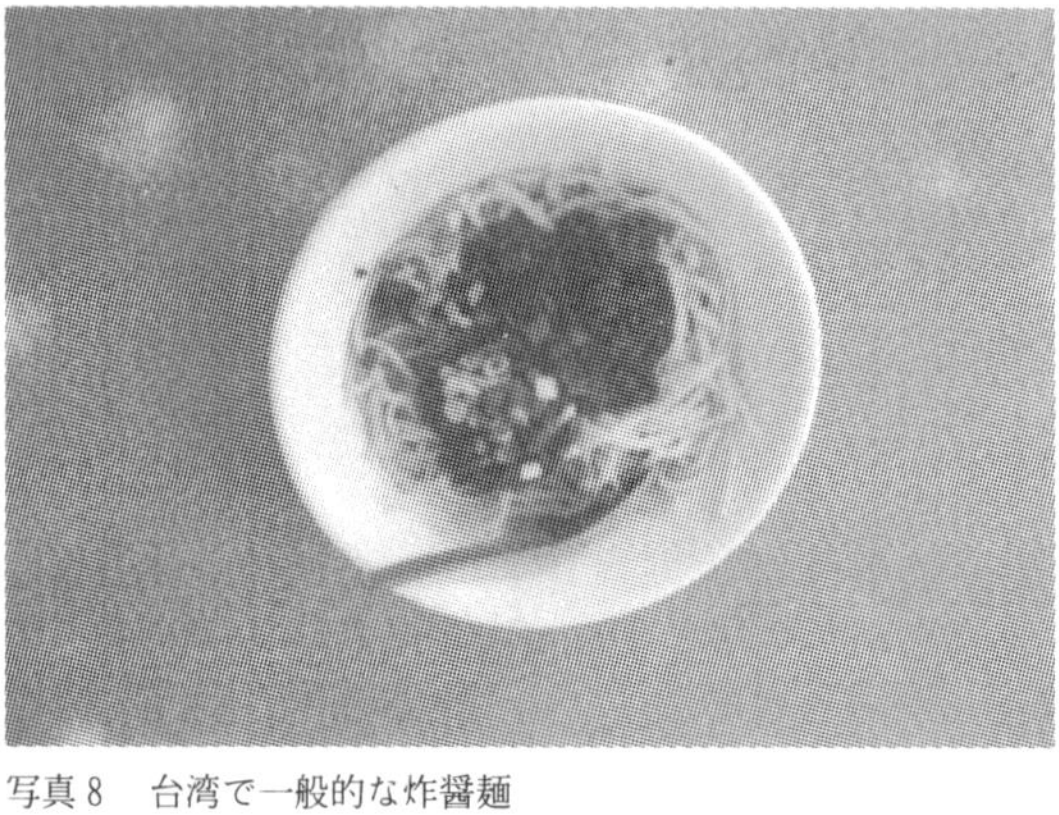

写真8　台湾で一般的な炸醤麺

のを両方混ぜるという。このような料理店でのチャンポンも「韓国式」の赤いスープである。顧客の多くが台湾の人びとや韓国系留学生である。

それに対し、とくに韓国華僑人口が多い中興街には、韓国式中華料理店が数店舗であるが存在する。市内で炸醤麺が小碗四〇元（一元は約三・四円）から大碗六〇元ほどであるのに対し、韓国式中華料理店では韓国内のものと同様にキムチやタクワンなどがついて一〇〇元前後である。量も韓国のものと同様に大碗より多い。ただし、台湾で出されるサイズに近づけて小さくしている料理店もあった。

チャヂャン麺の味は市内のチャヂャン麺同様に台湾の炸醤麺に近く、ある韓国華僑によれば、「台湾に韓国で食べられるチャヂャン麺はない」らしい。彼は韓国でも父親の中華料理店を手伝ったり、中国大陸でもチャヂャン麺専門店を出していた経験がある。チャヂャンのつくり方以外にも、現地調達の麺は韓国のものと異なり、コシが弱いらしい。中興街にある韓国式中華料理店の経営者は韓国華僑で、顧客も地元に住んでいる人か、近隣で店舗経営する韓国華僑が多い。彼らは「華僑＝中国人」であっても、韓国に住み、韓国式中華料理が習慣化した人である。在日韓国・朝鮮人の事例と比較して考えたとき、食の習慣性に「民族」は介在しないと指摘できる。

台湾でも二〇〇四年から韓国ドラマ『宮廷女官チャングムの誓い（原題「大長今」）』が放映され、韓国料理がブームである。中興街にある韓国雑貨店にも、自宅でキムチを漬けようとする台湾の人びとが唐辛子を買いにくるほどである。そこで、先述のように、市内にある韓国華僑経営の韓国料理店にも台湾の人びとが多く訪れる。ただし重要なのは、それと同時にチャヂャン麺や赤いチャンポンが彼らを通して台湾社会に受容されていることである。韓国で現地化された中華料理が中華圏に回帰して新たに現地化しようとしているのである。

ある食習慣をもった人びとが一定数をもって集まって住み始めたとき、その人びとを対象にした料理店ができる。その料理店が特定のコミュニティを抜けでて周辺社会の人びとを巻き込み始めたとき、そこで出される料理が一つのジャンルとして新たに現地で受容されていくのである。台湾に持ち込まれた韓国式中華料理は、当初は中興街という特定した地域のなかに根づいたにすぎなかったが、再現地化とともに台湾に根づき始めているといえる。

4　再現地化する食

以上の事例から、食の再現地化について何がいえるのであろうか。まず受容先社会の前提として念頭においたいのは、再現地化には、あくまでも現地の食習慣が関わっているということである。それが東京と台北の事例に如実に表われていた。食習慣とは「民族」によって習慣化されるのでなく、どれほど親しんできたかに大きく作用されるのである。そして、その受容先社会においては食習慣化した人びとがどれほどの人数が居住しているかが重要であり、その母体が小さければ、フィジーなどのように、進出するのも難しい状態にあった。

次に念頭におきたいのは、台湾など中華圏進出の事例であったが、先の韓国華僑が「台湾には韓国のチャヂャン麺はない」と語ったことである。つまり、味が現地の食習慣に合わせて異なるのである。これは材料の調達可否や新しい商品開発のレベルではない。台湾で韓国式中華料理を定着させるために、春醤（チュンジャン）を台湾のものと混ぜて用いていたのがこれと関連する。

加えて興味深いのは、韓国式中華料理に対する現地の人びとの捉え方である。もとは中華料理とされるチャヂャン麺が中華料理として中華圏に進出しても、現地ではそれを中華料理と認識しないのである。たとえば、山東省青島のある会社員は「韓国式チャヂャン麺は甘口で、新しい別の料理としてお勧め」という[29]。中華圏の人びとにとってチャヂャン麺はあくまでも「韓式炸醤麺」であり、中華料理の炸醤麺ではない。そのため、かえって中国大陸などでは「韓国式炸醤麺専門店」として進出することも少なくない。遼寧省丹東や黒竜江省牡丹江などでも韓国式炸醤麺専門店をみかけた。つまり、「完全な」中華料理としてではなく、少し〝註釈〟のついた中華料理として現地に入り込むのである。台湾においても、韓国華僑だけが顧客となる中興街では「中華料理店」と掲げても問題ないが、現地の顧客が多い台北市内では、韓国料理の亜流として、むしろ韓国料理店で扱うほうが、チャヂャン麺の普及に効果的であったのである。

それに比べ、ホノルルやシドニーに行くと状況は変わってくる。これらの都市には中華街があり、中国系の人びとが多く居住している。しかし、彼らの多くは南方からの華僑であるため、北方が発祥とされる炸醤麺にさほど親しんでおらず、現地で多数を占める白人系に至っては炸醤麺自体を知らなかったりする。そのため、彼らは韓国式中華料理を単に「中華料理」として受容することになる。そのため、これら炸醬麺が定着していなかった地域では、その土地での材料調達に制約がないかぎり、再現地化があまりみられなかった。もちろん、これには韓国式中華料理が持ち込まれる条件となる韓国出身の移住者規模も問題になる。移住者の母体が大きく、現地の人びとにまで顧客を求めなくてよい場合は、なおさら韓国での味を現地調達できる材料で再現しさえすればよいことになる。とくに最近では輸送技術が向上したために、食材による制約が少ないと考えられる。

現在は、まだ特定世代の朝鮮系が主たる顧客の韓国式中華料理であるが、韓国からの海外移民の増加とともに各地域に進出していくことで、外部に顧客を獲得していく。それは移民によって「本場」にも逆輸入されるので

写真９　韓国華僑経営の韓国料理店でアレンジが加えられた炸醬麺

写真10　シドニーの韓国人経営の料理店でてできたチャンポン（うどんの麺が用いられている）

ある。

本稿では、その過程をわかりやすく、「現地化」「再現地化」と区切ったが、本来はその差をどこに設定するかも困難な問題である。本稿ではチャヂャン麺を中心に紹介したが、長崎を由来とするチャンポンも韓国で一九八〇年前後に赤くなり、それが日本にも入ってきている。これがコリアン・コミュニティを中心に食習慣化されていけば、やはり再現地化ということになる。さらにこれを福建の湯肉絲麺（タンロウスーミェン）を由来とすれば、中華圏に入ることで「再々現地化」したといえるかもしれない。

ただ、その無数の営みの結果として、たとえば、アボガドをのせたカリフォルニア・ロールがそのまま日本の回転寿司チェーン店で出てきたり、さらに日本で現地化されて「にぎり」になって回転台に乗ったりするのである。日本のラーメンが、すでに中国や台湾などの中華圏に進出し、再現地化の過程を踏んでいるように、真っ黒なチャヂャン麺や真っ赤なチャンポンを中心とした韓国式中華料理が、山東省や台湾、そして日本などで再現地化の過程を踏んでいるのである。

おわりに

以上のように、食のグローバル化の一局面として韓国式中華料理の再現地化を紹介してきた。それはまさに、人の流れに伴って、さまざまな食が交錯していく過程であった。ただし、その再現地化の過程においては、それぞれの地域の事情によって差がみられた。それは再現地化が、人びとの食習慣と密接に結びついているからにほかならない。とくに韓国式中華料理とひとまとめにしても、中華圏への再現地化と、そうでない場所のそれとでは異なっている。料理レベルでも、すでに類似した、あるいは元となった料理の有無で、その再現地化の過程が異なるといえそうである。

いずれにせよ、事例を増やしていくことで、再現地化がいかなる制約をもち、いかに受容されていくかのヒントが得られよう。本稿では、かたちとして捉えやすい食の再現地化の問題に焦点をあてたが、この議論を広げて考えてみれば、食だけの問題でなく文化全般にもあてはまる問題といえる。それこそ食文化の研究がなしえる一つの貢献かもしれない。

現地化や再現地化を捉えるうえで重要なのは、これらの過程を経た料理が、初めから無国籍料理として受容されたのではないことである。現地の人びとがこれを外来食と捉えながらも、その地域の文化と切り離されないものとなり、「知らず知らずのうち」に発祥地の料理と異なったかたちになったところに注目する必要がある。つまり、習慣化して取り入れられたのである。そのことは、現地化や再現地化の過程を通じて、似たことが絶えず別の場所で繰り返し起きていることを教えてくれる。そこから見えてくるのは現地化ではなく、「無国籍化」であるかもしれない。そのように考えてわれわれの身のまわりをあらためて見渡したとき、あまりにも無意識に、無国籍な食を日本食として生活していることに気づかされる。

【読書案内】

朝倉敏夫『世界の食文化　韓国』農山漁村文化協会、二〇〇五
J・ワトソン編（前川啓治ほか訳）『マクドナルドはグローバルか』新曜社、二〇〇三（一九九七）
林　史樹「外来食の〝現地化〟過程：韓国における中華料理」『アジア遊学』77、勉誠出版、五六―六九頁、二〇〇五
林　史樹「海外移民にともなう〝韓国式中華料理〟のグローバル化」『アジア遊学』77、勉誠出版、一六八―一七五頁、二〇〇五
千里文化財団編『季刊民族学』一一四号、千里文化財団、二〇〇五

テーマ2

ロサンゼルスのメキシコ料理、ロンドンのインド料理

――グローバル都市の発展と「エスニック」料理レストラン市場――

荒川　正也

はじめに

一般に、地域ごとの多様な自然環境によって規定されながら、そこに住んでいる人びとが試行錯誤しながら歴史的につくりあげ、継承され共有されてきた知識、技術、選好と禁忌などからなる食生活の全体を「食文化」と呼ぶ。それを顕著に表わすのが現実の食事の機会、ということになる。けれども、特定の地域の「食文化」が、そのまま現実を映し出しているとは限らない(1)。

たとえば、かつては、「日本料理」を食していると意識しながら日々の食事をとることは、きわめて稀であったと考えられる。そのため、海外に出て異なる食文化の下で育まれた料理を日々食するなかで、初めて「日本料理」との違いを意識し、その結果、「日本料理」が恋しくなり、食べたいという欲求が頭をもたげるような状況があった。

しかし、近年、その様子がかなり変わり、フランスのヌーベルキュイジーヌ（旧来の習慣にとらわれず新たな審

美性と淡泊さを追求しようとしたシェフが調理する料理）が日本の懐石料理に大いに触発され、フランス料理そのものにも影響を与えるような状況が生じた。同時に、「日本料理」全般のイメージが肯定的に評価されることで、さらにそれがヨーロッパ人の日本食のイメージを変えた。さらに、一九八〇年代のロサンゼルスにその端緒を見ることができる「すし」の先進諸国での普及は、「日本料理」のさらなるイメージアップにつながり、今日きわめて優美な「料理」として高い評価（高い料金もだが）を得るに至っている。(2)

要するに、「日本料理」は、日本人の多くが日々食している現実の料理とはかけ離れ、純化され、昇華されたかたちで「日本の食文化」として諸外国へ受け入れられ、表象されていったのである。自らの食文化としての「日本料理」と外国で「日本料理」として表象された料理との間で、「本物性」をめぐる競いあいが生じるような状況まで出現している。

本稿では、そのような変化の過程を探るために、アメリカ合衆国における「メキシコ料理」と、イギリスにおける「インド料理」から考察してみたい。両者はともに、本国とは異なる場所で移民により形成された主要な民族料理であるが、受け入れられ方や捉えられ方は大きく異なる。以下では、それぞれの国において、民族料理がどのように受け入れられ、かつ食文化としてどのように「表象」されているかについて明らかにしたい。(3)

1　ロサンゼルスの「メキシコ料理」レストラン

(1) メキシコ合衆国との関係史から見えてくること——歴史的前提(4)

まず、アメリカ合衆国における「メキシコ」の、さまざまな側面を要約してみることにしよう。

①人口のうえでも最大の勢力を占めているのが、その祖先をメキシコにたどることができる「メキシコ人」（ア

メリカ国籍をもつメキシコ系の人びと＋メキシコからの合法移民や不法に入国したメキシコ人）であり、今日、ロサンゼルス市の市長はメキシコ系アメリカ人である。ロサンゼルスに限らず、カリフォルニアおよびテキサス、ニューメキシコ、アリゾナなどの南部諸州には、「メキシコ人」が多いが、そこに滞在するようになった年代と滞在期間には、大きな地域的ばらつきがある。

②アメリカ合衆国はメキシコと、南側で長い国境を直接接しており、その東側では、リオグランデ川（メキシコではリオブラボと呼ばれている）という河川が両国の国境をなしている。

③ロサンゼルス、サンフランシスコ、サンアントニオ、サンタフェ。これらは、今日のアメリカ合衆国南西部および西海岸の主要な都市の名称であるが、すべてスペイン語圏である（メキシコの国語はスペイン語）。

④これらの都市の古くからの街区は、スペイン植民地時代の都市設計に則り、広場を中心にカテドラルと行政首長の庁舎などが取り囲む形をなし、さながらスペインの街を思わせる景観を呈している。

これらのことから、読者諸氏は、アメリカとメキシコの歴史的関係の基本的特徴を推察できるだろう。

一八二一年に独立するまで、メキシコは「ヌエヴァ・エスパーニャ」と呼ばれ、スペイン王が任命する副王の支配する植民地であった。その時代、メキシコは北へ領土を拡大していった。今日のニューメキシコとテキサスは、当時、その重要な北方フロンティアであった。カリフォルニアやアリゾナなども、人口希薄であったとはいえ、その領土に含まれていた。

テキサスはメキシコ独立後もメキシコ領であったが、多くの開拓民がアメリカ合衆国から入植したため、メキシコからの独立が企てられ、ついにそれが事実上、短期間ながら達成された。また、その他の地域もアメリカへの帰属が画策され、メキシコの既得権益がしだいに侵されるようになったことで、一八四六年に、アメリカ合衆国とメキシコは戦争に突入した。この戦争は二年後にアメリカの勝利に終わり、メキシコは領土の北部（＝領土の約半分）を失った。メキシコが失ったその領土が、そっくり今日のアメリカ合衆国の南西部とカリフォルニアの範囲に該当する。

したがって、この領土割譲に伴い、これらの地域にいたメキシコ人は取り残されることとなり、一夜にして、メキシコ国民から異国のマイノリティへと、立場が急変した。とりわけ人口の多かったニューメキシコとテキサス南西部においては、北部辺境部の住民の文化が存続し続け、今日に至っている。なかでも食文化は、とりわけ顕著に残されているといえる。

アメリカ合衆国に併合されて後、南西部とカリフォルニアには、メキシコ人から「アングロ」と呼ばれる大勢の白人たちが移り住んできた。彼らは、メキシコ人をさまざまに差別化し分離していったのであったが、同時に好むと好まざるとにかかわらず、メキシコの食文化の影響を受けていった。結果として、一九世紀後半には、彼らアングロにとっての「本物の」(authentic)「メキシコ料理」とそのレシピ、食材、嗜好などが形成されていき、彼らの食生活のバリエーションを構成する一要素となった。そして、これらの需要に応えるべく、サルサ（ソース）等の加工食品や食材メーカーなども出現した。

一八八〇年代に始まったメキシコの政治家ポルフィリオ・ディアスによる独裁は、アメリカ資本による豊富な資源開発を促し、きわめて少数の人びとを豊かにしたが、大部分の国民の生活環境は深刻なものになっていった。そして、ついに一九一〇年に、ディアス政権の打倒とその後の長きにわたる戦乱をもたらしたメキシコ革命に突入したのである。

この時期に、これらの混乱から逃れようと、多くのメキシコ人が国境を越えてアメリカ合衆国へと向かった。この移民の流れは、一九二九年の世界恐慌まで続いた。その後、第二次世界大戦中のカリフォルニアなどでの農業労働力不足を補う政策により、期間限定の労働者として多くのメキシコ国民がアメリカ合衆国へ入ったが、一部は帰国せずにそこへ留まった。

次にまた、一九七〇年代に入り、多くの人びとが合法・不法を問わず合衆国へと移民する。この波は今日まで続いている。これらの新移民の多くが、さまざまなサービス業や建設業などで低賃金労働者となっている。現在のロサンゼルスでは「メキシコ料理」が主要な民族料理レストランとなっているが、その存続を下から支えているのが、そのようなメキシコからの移民にほかならない。

(2) メキシコ系住民による自己表現としての料理

かつてのメキシコの北部フロティンア・カリフォルニアにおいて一集落として誕生したロサンゼルスは、当初メキシコ中央部より移動してきた人びと(ラティノ系)が、人口構成上、主流を占めていた。それゆえ、この都市の景観にはメキシコとスペイン双方のイメージが不可分にかかわっている。しかしながら、二〇世紀初頭より、この都市の政治経済を支配してきたエリートたちは、ヨーロッパとのつながりを想起させるスペイン風のイメージを重視しながら開発をすすめてきた。逆に、メキシコのイメージは、歴史を確認させる程度に、付け足し的にアピールするにすぎなかった。それどころか、二〇世紀初頭からは、スペインのイメージにもとづく開発・改造がすすめられ、そのたびに、メキシコ系の人びとの生活基盤が脅かされるようになった。[5]

現在のロサンゼルスのレストランの種類を検討してみると、圧倒的に「メキシコ料理」が多い。City Searchという、全国の主要都市の総合情報ポータルサイトのロサンゼルス版[6]があるが(二〇〇五年一二月二〇日調査実施)、それを見ると「メキシコ料理」は三五六一軒であり、個別の国名ないし地名が冠された料理カテゴリーのうちでは群を抜いており、二位の中華料理の一六九四件の二倍以上にものぼる。実際には、これに掲載されていない店舗も多いと考えられるので、かなりの数になると思われる。

この「メキシコ料理」には、きわめて多様な内容のものが含まれているのが実情である。次にあげる三つのレストランが同じ範疇に含まれること自体、不思議だともいえる。

①サンタモニカの「ボーダーグリル」[6]（Border Grill）

このレストランでは、スーザン・フェニガーとメリー・スー・ミリケンという二人の中西部出身の白人女性がオーナーシェフとなっている。彼女らは、ヨーロッパでフランス料理を本格的に修業し、帰国してロサンゼルスのカリスマシェフであるウォルフガング・パックのもとで修業した後、一九八五年に創業した。彼女らは、メキシコを含む中米から多様な食材を得て、それをフランス料理修業で培った能力とメキシコ各地への旅行を通じて会得した調理の技術とを駆使し、従来のメキシコ料理を大胆かつ洗練された「メキシコ料理」風ヌーベルキュイジーヌへと変貌させた。

このような料理は、食材を生活レベルの文脈から切り離し、「ロサンゼルス的な多文化的環境」に適合させ、国境を越えて愛される「メキシコ料理」を正当な料理と喧伝することになった。彼女らは、自ら作成したクックブックとレシピを紹介し、さらには彼女らのテレビ番組「ツー・ホット・タマーレス」（Too Hot Tamales）を通して、それを普及させている。さまざまなエスニック・グループが別々に集住しながら共生するロサンゼルスにおいては、それぞれの民族料理が観光資源にもなりうる。それを可能にさせる背景には、シェフとなる道がほぼ閉ざされている多くのメキシコ系移民たちが労働者としてそれらレストラン産業を支えている、という暗黙の了解があることを忘れてはならないだろう。

ロサンゼルスでは、一九七〇年代に、それまでの航空産業や自動車産業などが衰微した。そのため、従来からのハリウッド（映画）に加え、IT産業と、テーマパーク、料理、フェスティバルなどの文化産業を、ロサンゼルスの中心に据えようとする政治・経済エリートたちの戦略があった。ボーダーグリルの開業は、その延長線上にあるとみることもできるだろう。

このような流れは、一九〇〇年代にもあった。その流れをつくったものに、チャールス・フレッチャー・ルー

図1　ロサンゼルス郡における人種集団分布と対象レストランの立地

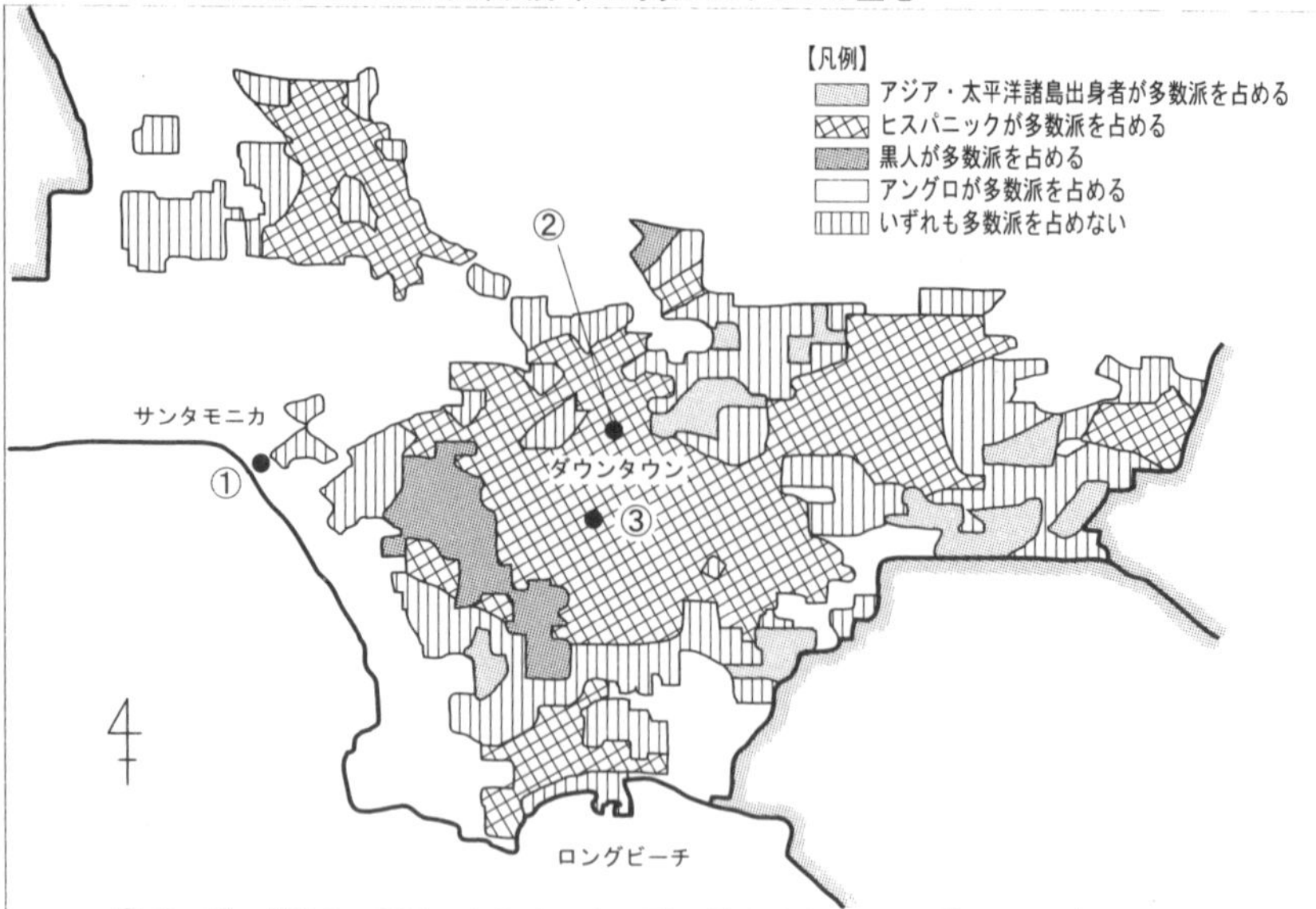

①ボーダーグリル、②ラ・セレナータ・デ・ガリバルディー、③エル・ガヨ・ヒロ

写真1　ボーダーグリル

写真2　ラ・セレナータ・デ・ガリバルディー

写真3　エル・ガヨ・ヒロ

※写真：インターネット・ホームページより(7)(8)(9)

ミスにより指導されたランドマーククラブという組織がある。彼は、当時ロサンゼルスタイムスの主筆であったオルティス大佐の知遇を得て、冒頭で述べたような、ロサンゼルスにあふれるスペインを表象する修道院の修復を行なった。また、当時から、白人を中心に世界中から集まった人びとによる多文化都市ロサンゼルスを映し出すかのような、多様なエスニック料理を集めた本『ランドマーククラブ・クックブック』[10]を出版した。さらには、メキシコ系が主に住むオリベラ街を、スペイン風な街に変え、安全で魅力ある観光地とすることをもくろんだ。そのため、メキシコ人の商業店舗などを、強制的に他の場所に移転させようとした。このクラブは、南カリフォルニア、とりわけロサンゼルスをスペイン風の都市につくり変え、東部、中西部の中産階級の白人に、パラダイスとしての魅力をアピールすることで、この土地への移住を促そうとしたのである。[11]

②ボイルハイツにある「ラ・セレナータ・デ・ガリバルディー」(La Selenata de Galibardi)

このレストランは、ロサンゼルスのダウンタウンの東、ロサンゼルス川を越えたところにあるボイルハイツと呼ばれる、比較的古くから住むメキシコ系アメリカ人の居住区にある。シーフードを中心とする「メキシコ料理」のレストランで、高い評価を得ている（得意とするのは、マヒマヒ、シーバス、大西洋のサケ、オヒョウなどをソテーし、チリソースをはじめとするオリジナルのソースをかけたもの）。

このレストランのオーナーシェフは、メキシコ人のホセ・ロドリーゲスである。「ガリバルディー」とは、メキシコ市にある広場の名前である。ここにメキシコ全土からマリアッチバンドが集まり、人びとは夜を徹して好みのバンドにリクエストをし、歌を聴き、踊り、飲み明かすのである。この名前（「ガリバルディー」）を冠することで、出世したメキシコ系の人びとが「メキシコの楽しい時間」をすごせる場を設け、彼らの来店を期待していたのであった。しかし実際は、客の多くが、ダウンタウンからやって来る裕福な白人ビジネスマンたちであった。それは、出世したメキシコ系の人びとが自らのメキシコ文化を低く見、ヨーロッパ文化を積極的に受け入れようとする姿勢と関連していよう。

ホセ・ロドリーゲスは、レストラン産業で働くメキシコ系の人びとがいつまでも低い地位にとどまり、「メキシコ料理」の創造に主体的に関わることができないでいる原因は、シェフになるために欠かせないメキシコ系料理アカデミーへの進学がほとんどできない状況にあると捉えている。彼自身もフランス料理レストランで修業したが、アカデミー出身ではない。

いずれにせよ、先端的で洗練された「メキシコ料理」レストランの大部分が、メキシコ人（系）ではないシェフによって取り仕切られているという、信じられない状況がある[12]（なお、数の上でより多い中ランク以下のレストランにあっては、メキシコ系の人びとの地位は上昇傾向にある）。その対極にある「メキシコ料理」ファストフードも、基本はアメリカンカジュアルである。従来の「タコベル」（メキシコで圧倒的に大きな市場占有率をもつファストフード形態）とは異なる味の工夫がなされ、より新鮮なものを出すチェーン（たとえば、¡La Salsa!）が展開してきているが、メキシコ系の人びとにとって違和感は依然として強い。

③メキシコ系第一世代居住区にある「エル・ガヨ・ヒロ」（El Gallo Giro 風見鶏）

メキシコ系の第一世代が集住している地区に立地・展開しているレストラン。メキシコの市場によく見られる「タコス屋」（Taquelia）の特徴とアメリカのファーストフードの特徴とを接ぎ木した、不思議な業態である。写真4は、ハンティントンパークの店舗である。

窓際には、祭りの際に飾る切り紙細工が吊され、セレナータが流れる。正面カウンターの向こう側には、多くの肉料理が並べられており、順番に並んで好みの肉料理とトルディーヤを注文する。するとカウンターの向こう側で、選んだ肉料理をトルディーヤに挟んで包める大きさに切ってくれる。そして、番号が呼ばれ、トレーで受け取る。ついで、「果物水」（agua fresca）のコーナーへ行くと、注文したものを他のファストフード店のドリンクと同様の紙容器に入れてくれる。そこには、ハマイカ（ハイビスカス）、オルチャタ（米から作られた飲み物）、タマリンドなど、独特なものがある。最後にキャッシャーへ行って精算し、店内のテーブルで食べる。また、並べられている肉料理を、好みのサイズに切ってもらい、昼食や夕食のために持ち帰ることもできる。つまりは総菜店の機能も果たしている。ケーキも扱っており、ケーキに名前を入れるサービスなど、誕生日や結婚記念日などの、それぞれ多様なニーズに対応している。

ここに、厳しい肉体労働に、懸命に従事して時間に追われている第一世代の食に対する要求に応えることで客を獲得してきた、したたかな商魂が見てとれる。そこで出される食事は、彼・彼女らの日常食としての「メキシコ料理」である。ここに住む人びとの主流はメキシコ系であり、非メキシコ系はわずかしか住んでいないので、

写真4　エル・ガヨ・ヒロ：ハンティントン・パーク(13)

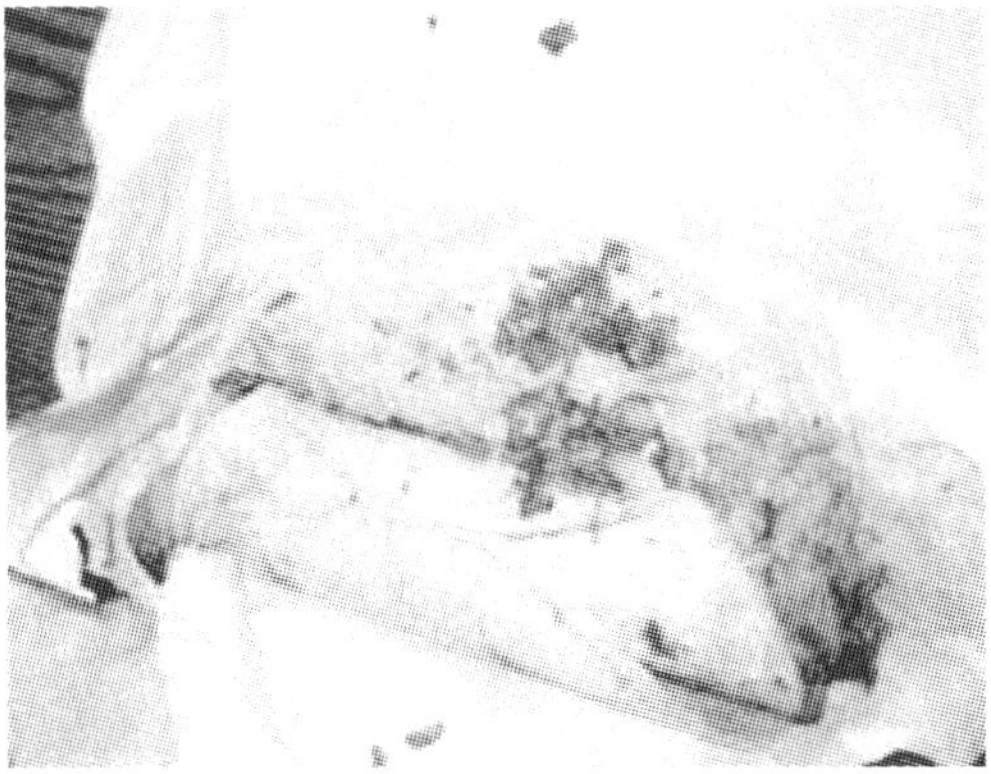
写真5　エル・ガヨ・ヒロのタコス

（写真：インターネット・ホームページより転載(14)参照）

ここを利用する人びとはおのずからメキシコ系の人々に限られている。つまり、ここで供される「メキシコ料理」は、大部分の非メキシコ系の人びとの目にふれる機会がない。それゆえ、そのメキシコ料理が「本物」かどうかは、問われることさえないのである。

2 ロンドンのインド料理レストラン

(1) インド植民地化の歴史とインド食の移入――歴史的前提

イギリス人は日本人同様、いな、それ以上にカレー好きである。カレーショップだけでなく、数多くのインド料理レストランが、ロンドンのW1やE1などの街区にある。一つは、ロンドンのイーストエンドのブリックレーン（E1）である。ここには、多くのインド風の雑貨装身具の店、フリーマーケット、それに小ミュージアムなどの多彩なアメニティーとともに多くの廉価なインド料理レストランがある。しかし、今日のロンドンのインド料理レストランは、ブリックレーンに見られるようなタイプの店だけでなく、より高価で洗練されたものが多い。今日のロンドンにおける「インド料理」の多様化は急速に進んでいる、ということができる。

ところで、ブリックレーンは「バングラタウン」とも呼ばれている。なぜこう呼ばれるのかといえば、今日、ブリックレーンやその周辺に多くのバングラディッシュ出身者が多く居住しているからである。ブリックレーンの多くのインド料理レストランはバングラディッシュ人が経営しており、イギリス国内のインド料理レストランの多くは、実は、インド出身者でもイギリス人でもなく、バングラディッシュ人の経営によるものである。イギリス在住のバングラディッシュ人の多くは、バングラディッシュの北東部の都市シレットやその周辺の出身者である（地図3参照）。

　このようになった背景を歴史的に見てみよう。オランダ、イギリスは一六〇〇年代初頭に、インド亜大陸から東南アジアにかけての地域に自国の権益を開発独占していく尖兵として、こぞって東インド会社を設立していった。イギリス東インド会社は、一六〇〇年にエリザベス一世の命により設立され、運輸を担うため、ベンガル地方を中心にイギリス船の水夫を募集した。彼らはラスカルと呼ばれるようになった。一七〇〇年代中頃には、イギリスとフランスの間で三度にわたりカーナティック戦争が戦われ、敗れたフランスに加担したベンガル太守から その領土を取り上げて、最初の直轄植民地とした。その統治にかかわった東インド会社の社員の一人にヘースティングスがいた。彼は、一七七二年に、インディカ米とスープ状の香辛料からなる料理をイギリスにもたらした。それが、後のイギリスのカレーとなったとされる。翌年には、ロンドンのザ・コーヒーハウス（The Coffee House）のメニューにカレーが登場している。北部のチャパティーではなく、米食のベンガルからもたらされたことが、今日のイギリスのカレーの原型、すなわちインディカ米にカレーをかけるものとなった。

　ラスカルの数は、一八〇〇年代に入り急増し、一〇〇〇人単位にまでになったが、劣悪な労働条件ゆえに毎年、相当数が死亡するという状況であった。そこで、彼らは、職場を脱走してロンドンに上陸し、そこで職を得ようとするようになっていった。そうした彼らの集会場所でインド料理と称する食事が出された。そこでその料理の作り方を習得した者たちが、ロンドンのレストランに職を得ていったとされている。

　一九二〇年には、ロンドンの中心部にシャフィ（Shafi）というインド料理レストランが開店し、これが後のイギリスのレストランに大きな影響を及ぼした。このレストランは、陸に上がったラスカルたちを雇用して営まれ、急増していた英領インドからの学生のコミュニティー・センターの様相を呈した。その後、第二次世界大戦が始まるまで、ロンドンでは多くのインド料理レストランが開店していったが、その多くがベンガル地方、とりわけ今日のバングラディッシュ北部出身者で占められていた。戦後、とくに一九七〇年代初頭から急増する故郷とロンドンを結ぶバングラディッシュ人のさまざまなネットワークの原型が、こうして形づくられたといえる。今や、

地図2　バングラディッシュ及びシレット

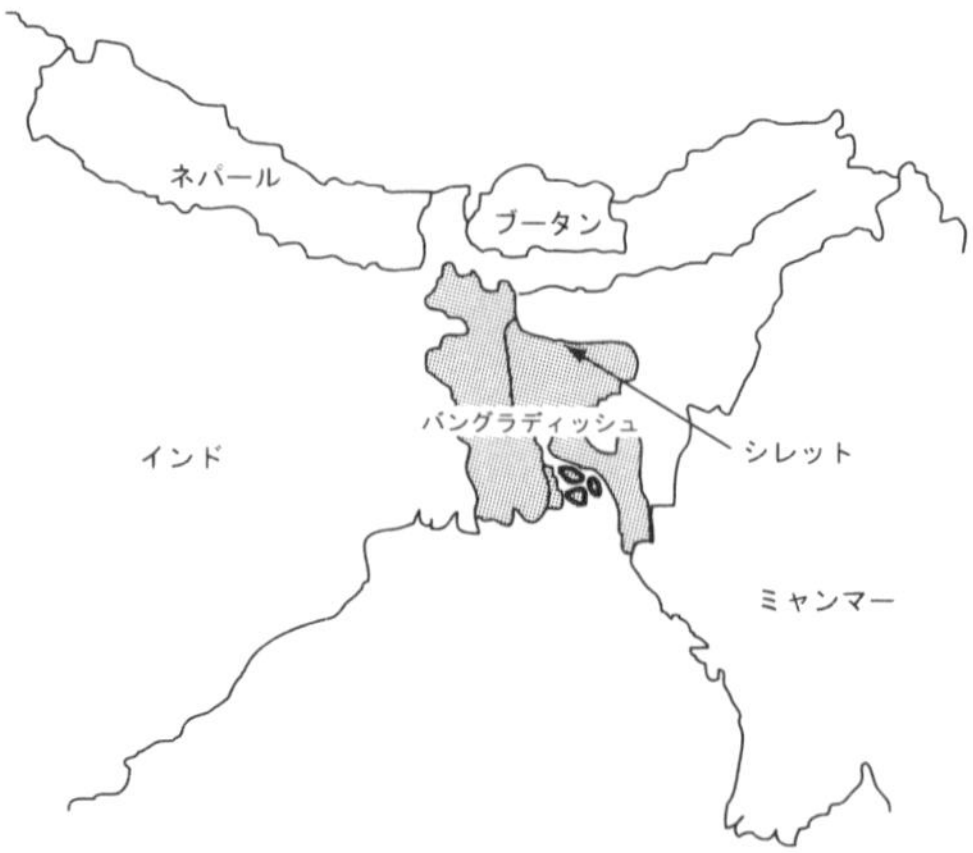

写真6　チキン・ティッカ・マサラ
（写真：インターネット・ホームページより[15]）

地図3　ロンドン市

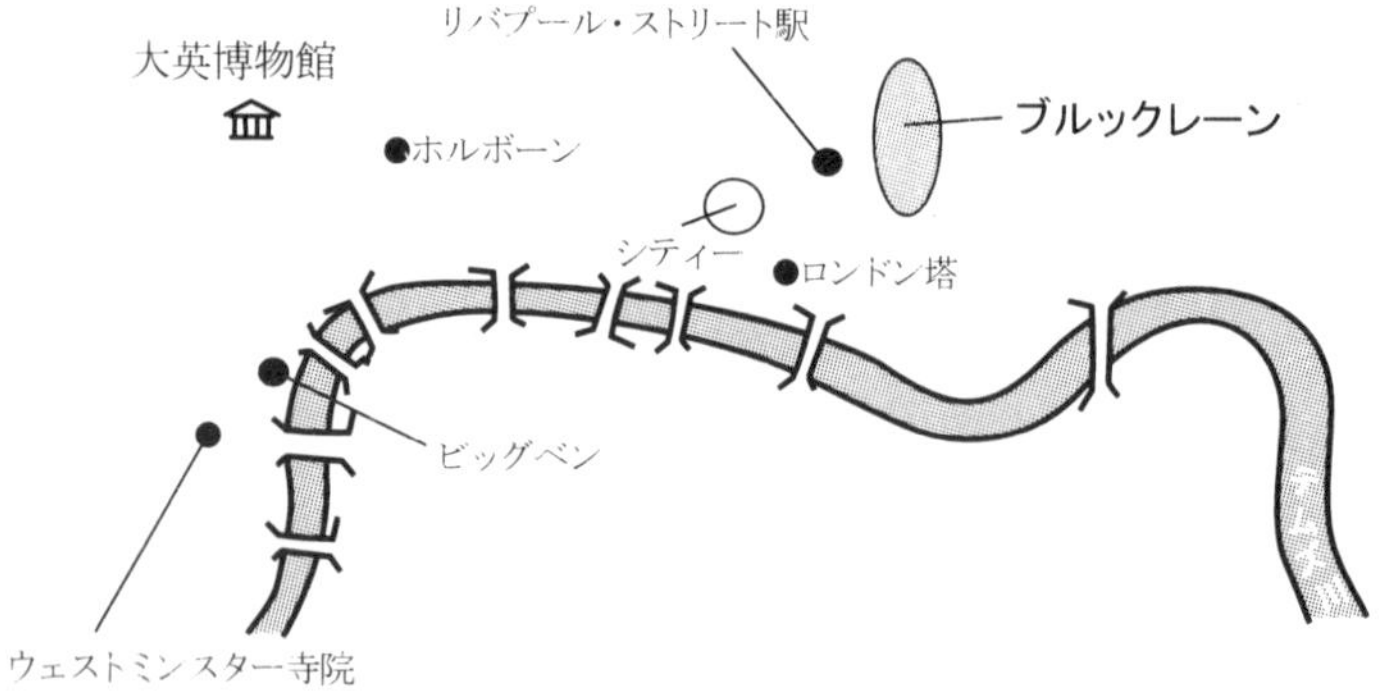

バングラディッシュ人の努力もあって、インド料理はイギリス人の国民食ともいえるようになっている。[16]

（2）「インド料理」レストランの創造・普及・多様化

①「チキン・ティッカ・マサラ」の成り立ちと普及

現在のロンドンには、どれぐらいの「インド料理」レストランがあるだろうか。筆者の調査――ロンドンの総合情報ポータルサイトである「ヴィジット・ロンドン」（Visit London）[17]と「ロンドン・タウン」（Londontown）[18]を対象にした、二〇〇六年三月六日時点における両サイト上での個別料理カテゴリー別の紹介店舗総数や、そのなかでのインド料理に関する調査――では、インド料理は、両方とも四位であった。

「ヴィジット・ロンドン」にあっては、一一九店舗のイタリア、一一五店舗のモダーンヨーロッパ、八九店舗のブリティッシュに次いで、八七店舗を数えた。「ロンドン・タウン」では、カフェおよびデリカテッセンの五九八店舗、イタリア料理の四六二店舗、モダーンヨーロッパの一八六店舗に次いで、一六〇店舗であった。もちろん、この両ポータルサイトにすべてインド料理レストランが示されているわけではなく、実際には、はるかに多くのレストランが存在するであろうことは間違いない。

七〇年代に急増したブリックレーンのインド料理レストランは、いわゆるイギリス風のインド料理であり、「アングロ・インディアン料理」（Anglo-Indian Cuisine）と呼ばれ、イギリス人の嗜好に合わせていた。インテリアもイギリス人のインドへのステレオタイプであるタジマハールのミナレットを描いた細密画風の装飾品、ベルベットを用いてハーレムをイメージしたソファーなどが置かれていた。こうしたレストランから、今日イギリスの国民食とまでも呼ばれる「チキン・ティッカ・マサラ」（Chiken Tikka Masala――タンドリチキンが添えられたトマトベースのカレーライス）が生まれた。

この料理の誕生には、おおよそ次のような物語があるといわれている。ある夜、酔っぱらったイギリス人男性が、閉店間際のレストランに入ってきて、シェフ（バングラディッシュ人）を呼び出して、「おれたちイギリス人になじみのグレービー（肉汁）を用いたチキン・ティッカを作ってくれ」と要求した。困ったシェフは、厨房を探し回って、たまたまキャンベル社のトマトスープの缶詰を見つけ、いつも使っている香辛料を加えたものをそれにかけて出したところ、大変おいしいと言われ、その噂が広まったとされる。しかし、これを作るバングラディッシュ人は、このようなものを食べること自体に、ある種の軽蔑のまなざしを向けてきた[19]。

②「チキン・ティッカ・マサラ」は今どうなっている

インド料理の総合的な情報を提供するインターネットの代表的なウェブサイトでは、チキン・ティッカ・マサラについて次のように語っている[20]。

イギリスの大手流通業マークス・アンド・スペンサーは、チキン・ティッカ・マサラを全店舗において一週当たり一八トン販売しており、インド料理レストランにおいて年間二三〇〇万皿が注文され、前記のシレット地区の大部分の学校や慈善事業は、この売り上げによって賄われているとさえいわれている。そして、一九九九年一一月のデイリー・テレグラフの記事のなかで、ジャーナリストのアミット・ロイは、この料理を、「インド料理には存在していないもの」と述べている。それでは、チキン・ティッカ・マサラは、「本物のインド料理」といえるのだろうか。

多文化状況を呈しているイギリスが、多文化主義的な文化の相互尊重がされている社会であることを強調するため、チキン・ティッカ・マサラを利用することがある。典型としては、二〇〇一年に、ブレア政権下でかつて外務大臣を務めた故ロビン・クックの、次のような演説に見ることができる。

「チキン・ティッカ・マサラは、今やイギリスの本当の国民的料理である。それは、最も人気がある料理だからというだけではなく、イギリスが、外部からのさまざまな影響を吸収し、そしてそれに適応していくあり方そのものを表わしているからである。チキン・ティッカはインドの料理であるが、グレービーに浸された肉を食べたいというイギリス人の願いを満足させるためにマサラがその料理に加えられたのである」[21]。

この演説に異を唱えたバングラディッシュ出身のレストラン経営者がいた。イクバル・ワッハーブ（Ikubal Waharb）である。彼は、今日きわめて著名なレストラン（ヌーベルキュイジーヌ的表現によるオリジナルなインド料理を供する）、シナモン・クラブ（Cinnamon Club）の経営者である。彼がこのレストランを立ち上げた背景には、イギリスで多文化主義が徹底していれば実現しているはずのマイノリティ文化への尊重が実行されていない社会状況への不満があった。

インド料理レストランでは、イギリス人の客とバングラディッシュ人従業員との間で、日々、争いが繰り返された。酔っぱらった客が、閉店近くに来店し、従業員のベンガル語訛りの英語をわざとしゃべり、揚げ物の付け合せを投げつけるなど。また、言いたい放題ともいえる客からの蔑みを、バングラディッシュ人従業員は日々受け続けてきた。そのため、ワッハーブは、欧州の洗練された食文化の表現様式を取り入れ、自分たちの優れた食文化をもとに創造した料理を提供し、さらにはインテリアやサービスを含め、真に洗練されたレストランをつくろうとした。こうして、バングラディッシュ人やインド人の優れた能力を示そうとしたのである。

現実のイギリスには、多文化共生など、どこにも存在しない。にもかかわらず、自分たちの食文化とは本質的に相容れない存在であるチキン・ティッカ・マサラを例えに出して、イギリスの偽りの現実を称賛することなど、彼、ワッハーブにとってはもってのほかなのだ[22]。ちなみに、シナモンクラブでは、決してチキン・ティッカ・マサラは出されない。もちろん、ワッハーブの見解表明は、自らのレストランへのしたたかな宣伝という面があることを見逃してはならない。

今日、シナモンクラブのような洗練度の高いインド料理レストランが、急増している。そして、それらの間の基本コンセプトの相違も顕著になってきている。これらのうちのいくつかは、バングラディッシュ出身者を含め

写真7　シナモン・クラブ内部
（写真：インターネット・ホームページより[24]）

た「インド人」が経営している。もちろんシェフも厨房のスタッフも、「インド人」である。これらのレストランの多くは、ピカデリーサーカスなども含まれるウエストエンドと呼ばれる街区（W1）に立地している。具体的には、インドの主要な食文化地域の出身者をシェフとして雇用することで、多様な「本物」の「インド料理」を食べさせるレストラン、健康志向で油っぽさを極力排除しつつも独特なおいしさを提供するレストランなどがある。そして、この街区は、そのような「インド料理レストラン」ばかりではなく、きわめて多様性に富んだレストランが軒を並べる一大繁華街が形成されている。

今日、イギリス、とりわけロンドンは、ブレア首相のお声がかりで、かつての大英帝国の歴史が紡ぎ出したともいえる多文化的状況を、優れたアメニティーとして世界に宣伝する動きを強めている。先に述べた総合情報ポータルサイトなどがその主要な媒体となっている。ブリックレーンは、まさに、きわめて優れた観光資産である。しかし、それと同時に、過日のロンドン地下鉄の同時爆破テロが明らかにしたように、そこは、食生活においては同化していきつつも、程度の差はあれブレア政権の対応に批判的なイスラーム教徒の集住している地域でもある。そして、かつての植民地からやって来た人びとと世界各地に居住する同胞の間で形づくられたネットワーク

がロンドン在住の親族・友人を訪問する旅を促すことで、さらなる多文化状況の形成を促すのである。(25)

まとめ

今後、人・文化・カネ・食材などの交流や混合により、先進国のグローバル都市での展開を考える必要が、ますます大きくなっていくことだろう。それは、「料理」について考えるうえでも、当然のこととなっていくに違いない。たとえば、ロンドンにおいて、バングラディッシュ人のシェフが「メキシコ料理」のサルサと東京・築地から空輸された伊勢エビとを用い、チャツネ状のソースを巻き込んだ逆巻きの寿司を「日本料理」として松花堂弁当に入れ、現地のイギリス人からなる「日本料理愛好クラブ」の会食に出すなどという状況が顕著になっていくことだろう。

先に紹介したイギリスとアメリカの都市では多文化的状況が進展し、むしろ積極的にその多文化的体験を都市観光の目玉として宣伝しようという政治・経済界のエリートたちの姿勢が目立ち始めている。けれども、グローバル都市が同じような方向を向いているわけでは必ずしもない。すでに明らかにしたように、ロサンゼルスにおける「メキシコ」との関わりは、ロンドンにおける「インド」とのそれとは、きわめて異なっていた。その違いは、次のようにまとめられる。

まず、ロサンゼルスは、かつてこの地がヌエヴァ・エスパーニャと呼ばれた時代に誕生した。したがって、「メキシコ」は本来この地に宿っているということになる。

ロサンゼルスは現在、アメリカ合衆国第二の巨大都市であるが、その形成の出発点には「メキシコ」が紛れもなく存在する。それに対してロンドンは、その出発点に「インド」が宿るというようなことはなかった。インドがイギリスの植民地となったことにより、さまざまな理由から「インド人」がイギリスへ移住することになったのである。したがって、多文化状況を都市観光の〝売り〟とするに際して、ロサンゼルスにとって「メキシコ料理」は文化的に中心を占めるが、ロンドンにとっては「インド料理」は（重要な要素であるとはいえ）かつての大英帝国の拡がりから結果した文化的多様性の一部にすぎない。

第二に、ロサンゼルスにおいてはトレンドを形成するほど先端的で洗練された「メキシコ料理」レストランの経営が非メキシコ人の手に握られているのに対し、ロンドンではそのようなコンセプトを有する「インド料理」レストランは、バングラディッシュ人やインド人自身によって経営されている比率が高い。

しかしながら、以上のような違いはあるものの、ロサンゼルスの「ラ・セレナータ・デ・ガリバルディー」のように非メキシコ人の顧客を対象として「本物性」を訴えられるような新たな工夫を加えた料理をつくるレストランもあれば、ロンドンのバングラディッシュ人のように、新たな「アングロ―バングラディッシュ料理」を主体的に創造しようとするような試みも始まっている。このように、料理を通して自らの尊厳を回復しようという動きがいずれの都市にもあり、今後、それがさらに大きく展開していくのではないかと考えられる。

【読書案内】

アネット・ホープ（野中邦子訳）『ロンドン　食の歴史物語――中世から現代までの英国料理』白水社、二〇〇六
荒川正也「食と経済のグローバル化」河合利光（編著）『比較食文化論』建帛社、二〇〇〇
石毛直道他『ロサンゼルスの日本料理店』ドメス出版、一九八五
町村敬志『越境者達のロサンゼルス』平凡社、一九九九

テーマ3

「食」に集う街
――大阪コリアタウンの生成と変遷――

高《コオ》　正《チョン》　子《ジャ》

はじめに

「わたし、土曜の昼はコリアタウンに決めてるんよ」「コリアタウンのチヂミは全部食べてみた」「へえ、どこが一番おいしかった」「どこも全部、おいしいねん」

生野区の主催する韓国・朝鮮語講座でかわした、私と日本人女性との会話だ（二〇〇六年三月一四日）。大阪は生野区、そこはまさしく朝鮮半島にルーツをもつ人たちの最大の集住地区である。この街には、朝鮮料理の食材をはじめ、日用品や冠婚葬祭に用いられる衣装などを売る商店が軒を連ねる。その名を「コリアタウン」という。

大阪のＪＲ環状線の鶴橋駅を東南へ約一五分も歩くと、疎開道路（一九四四年から一九四五年の六月まで、密集する民家を除去して防火空地帯をつくるために建物を疎開させ、それによって道路幅が広げられたことに因む名称）に至る。この道路とＴの字に交差する、御幸神社から御幸橋までの全長五〇〇メートルの通りにある西・中央・東の三つ

図1　コリアタウン地図

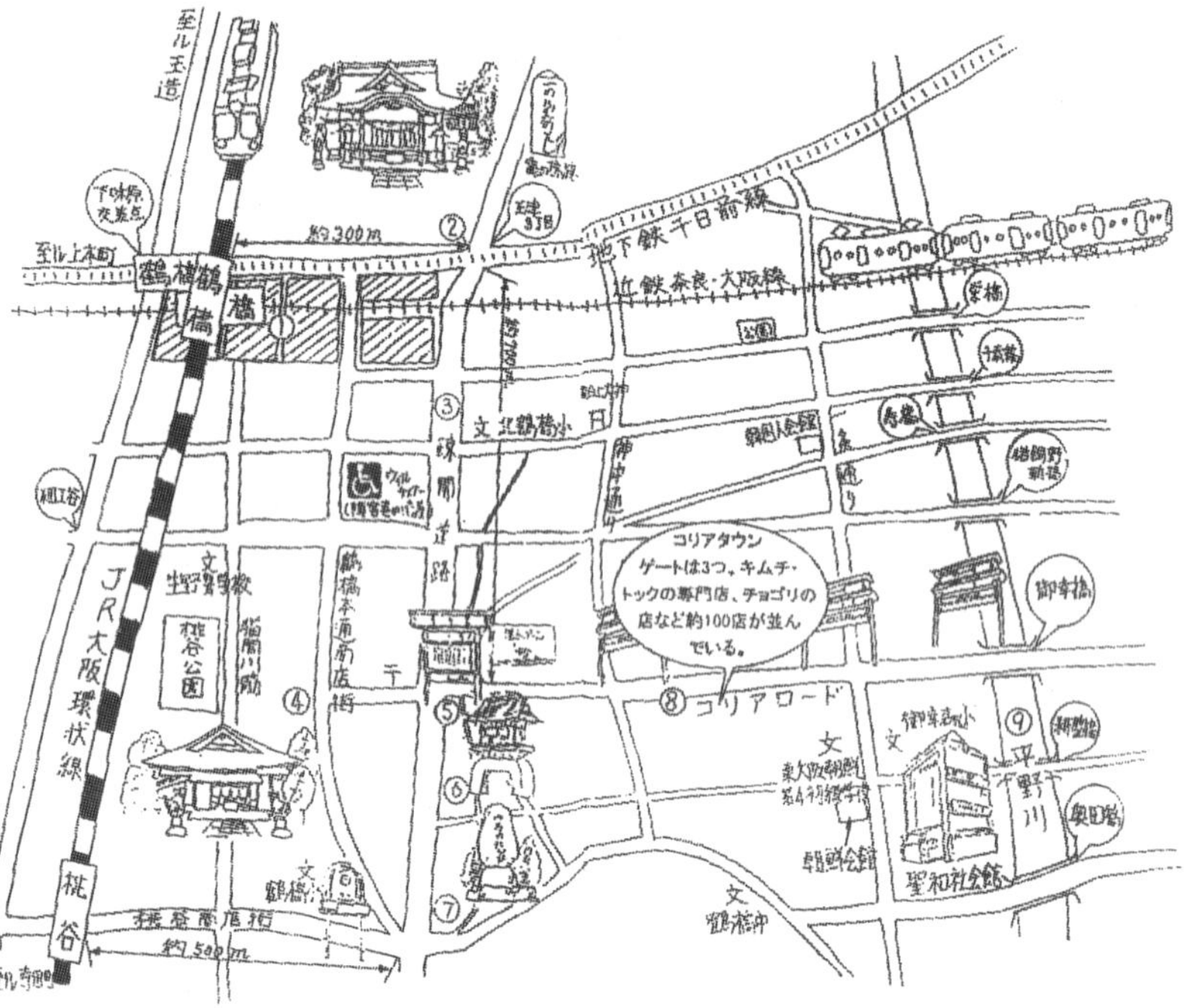

の商店街のなかに「コリアタウン」が位置する。[1]現在、この地域は、日本の植民地支配に由来する在日朝鮮人[2]をはじめ、新たに韓国から日本へやってきた人たち、さらに昔からここで商売をしてきた日本人の商店主たちなどが入り混じった商店街となっている。まさにここは、東アジアの近代が培った異文化混交のクロスロードにほかならない。

この商店街で最近目を引くのは、木製李朝家具を備える「洪家班食工房」（本書コラム④、写真①参照、一五九頁）、韓流スター満載のKポップの店、華やかな民族衣装や結婚衣裳がショーウィンドウを飾る店である。もちろん、定番の白菜キムチ、大根やキュウリのキムチ、イカキムチ、明太やスルメを甘辛く味付けた惣菜、韓国海苔や韓国産の唐辛子、キムチの材料になる塩辛類を売る店や蒸した豚肉を売る店も健在である。さらにここは、韓国風海苔巻のキムパプ、韓国のホットケーキのホットク、いまや朝鮮料理の代名詞の一つになっているチヂミを軒先の屋台で焼いて売る店など、韓国庶民の食の世界でもある。

ところで、ここに、なぜ、そしてどのようにして、「コリアタウン」が形づくられたのであろうか。それは朝鮮の食材やモノを必要とし消費する人たちが存在し、同時に、これを生産し販売することを生業《なりわい》とする在日朝鮮人、すなわち「在日」がいたからである。本稿では、このような「在日」を取り巻く日本社会の変化に、彼・彼女らがいかに対応してきたのかを食生活の側面から捉えてみたい。そのために、朝鮮の食材を扱う商店街の成立過程とその変遷をたどることによって、そこに映し出される在日朝鮮人社会と生活文化の変容を照らし出してみることにする。

1 朝鮮人集住地域の形成の概要

コリアタウンで朝鮮の食品が売られていたのは、戦前からである。だが、その位置は現在の御幸通り中央商店街の真ん中を南へ入ったT字型路地であった。一九三三年に発行された『アサヒグラフ』[3]（本書一三七頁参照）の見出しに「白衣と豚の頭が描く大阪の新名所『朝鮮市場』――大阪・猪飼野」という写真記事がある。そこには、その二年ほど前に、一人、二人と他の所では手に入らない朝鮮人の好きな食物を並べだしたのが、五〇軒余りの店が軒を連ねるまでになったとある。つまり、一九三一年に「朝鮮市場」と呼ばれる朝鮮の食材や生活品を扱っていた店が存在していたのだ。ここで生まれ育ち、現在もコリアタウンの真ん中で商売している白井善弘（一九二六年生まれ）さんは「戦前は、向かえ前の路地を入ったところに朝鮮の人たちが朝鮮のものを売っていた」と証言する。また、一九三五年に生野に生まれた金敬子さんも「マルヨシ（中央商店街の真ん中の精肉店）の筋を入ったところに朝鮮市場があった。朝鮮のおばちゃんたちが、朝鮮の餅、つくって売っていた」という。

当時「朝鮮市場」で商売をしていた人は、残念ながら現在はほとんどいない。現在ここで商いをしている人のほとんどは、戦後この地域にやってきた人たちで、戦前から店を出している人はわずかなうえに息子や孫の代へ世代が交代している。

なぜ、ここに朝鮮の食材を扱う店が集まるようになったのだろうか。一九三一年頃の日本では、現在のようにキムチやモツ（ホルモン）を食べていたとは考えられないため、朝鮮の食材を必要とする日本人以外の人たちが多くいたからということになる。前述の『アサヒグラフ』には、「朝鮮人の滞在数の一番多い大阪、わけても『朝鮮』そのものと云いたひ『猪飼野』の朝鮮市場は、大阪在住十三萬三千人の鮮人《（ママ）》たちの支持を受けて」いると記している。(4) 統計によると、当時朝鮮半島から渡って来た朝鮮人の三〇・七％（一九三三年の在阪朝鮮人の数は一四万〇二七七人）が大阪に居住していたとある。(5)

ここに登場する「猪飼野」と呼ばれる地域は、現在の生野区を南北に横切る新平野川沿いの東西〇・八キロメートル、南北に一・九キロメートルの地域で、朝鮮人が最も多く集住している地域である。猪飼野という地名そのものは一九七三年の住所表示変更（一九七三年二月一日実施）にともなって現在は存在しないが、在日朝鮮人が集住しているという事実は今も変わらない。

では、猪飼野地域にいつから朝鮮人が多く暮らすようになったのだろう。この地域と朝鮮人との関係について、これまでの研究から概観してみよう。

この猪飼野地域への朝鮮人の定住がいつから始まったのかは、さらに論議を必要とするが、これまでの研究を踏まえて、この地域に朝鮮人が定着するに至った理由は、次のように整理することができるだろう。(6)

まず、一つ目に、この地域は中小零細企業が多かったので、言葉（日本語）のできない朝鮮人であっても健康な肉体さえあれば働くところを確保することが容易であったことがあげられる。火山島である済州島民の生活を支えていたのは海女たちよるアワビ、サザエ、ナマコ、ワカメなどの水産物と、馬の毛で編まれたマンゴン（成人男性が額につけるもの）や手紡ぎの綿織物などであったが、日本から大量生産・低価格商品が朝鮮半島に持ち込まれることによって、多くの済州島民は働く場を追われた。働く場を求めて済州島民は君が代丸（大阪済州島定期航路）に乗船して日本へやってきた。

二つ目は、この地域に朝鮮人が住むことができるところがあったという点である。当時、朝鮮人に家を貸す日本人はほとんどいなかったという。しかし、以前、この地域は低湿地帯であり、田畑を埋め立てて住宅が建てられたために、雨が降ると道がぬかるみ、大雨になると浸水するという悪条件下にあった。そのため日本人の借り手があまりいなかった。そこで、家主はしかたなく朝鮮人に家を貸し、借りた朝鮮人は家賃を得るために、他の朝鮮人に又貸しをして、一軒に何十人もが生活していたという。今ではとても想像できないような生活を強いられたが、それでも生活する場所は確保されたのである。

働く場と寝泊りができる場が確保されると、三つ目は食の問題である。人は衣服や住居はすぐに慣れるものだが、幼いときから身についている食生活はなかなか変わらないものである。日本と朝鮮の食生活は、大枠では似通っている。たとえば、主食が米であるとか、調味料も味噌や醤油を使うなどがそうである。しかし、詳細に見るとかなりの違いがある。

大きな違いは、日本人と朝鮮人は食べる魚の種類が違うし、料理の味付けが違う。魚の煮つけを一つとってみても日本は醤油と砂糖で煮付けるが、朝鮮はニンニクと醤油と唐辛子で煮付けるなど刺激物を大量にとり、鶏や豚などの肉類を日本人に比べて多く食する。そのため、短期間なら日本的な食生活でも耐えることができても、滞在が長期化すると、朝鮮での食生活が恋しくなる。ことに家族を呼び寄せることで、済州島の女たちが生活を担うことになると、食生活は日本であっても済州島での生活の延長になったにちがいない。そのために必要な食材が手に入る、この地域に肩を寄せ合って生きていたのではないだろうか。

2 「朝鮮市場」の形成

移民が定着するための三要素としての職と住と食を兼ね備えた猪飼野地域は、徐々に済州島からの朝鮮人を呑み込んで膨らんでいった。そして、朝鮮の食材を扱う店も、露天から「市場」という冠が付くほどの賑わいを見せるほどになる。

金賛汀によると、日本語ができないアジュモニ（おばさん）たちがなかなか日本人商店ではモノを売ってもらえないので、近くで野菜やセリなどを採ってきて味付けしたものを露天で売り出したのが始まりであり、そのうち工場で雇ってもらえない年老いたアジュモニたちのなかから、こうした商売をする人が一人、二人と増えてきたという。[7]

ここで一九三三年の写真（『アサヒグラフ』写真1参照）から当時の「朝鮮市場」を概観してみよう。この市場に来る消費者について「二萬人近く集っている地元の連中はもとより、神戸、京都方面の鮮人（ママ）たちにも有名で」、「二年ほど前、一人二人の人たちが他の場所ではちょっと手に入らない彼等の愛好常食物を並べだしたのがもとで今では毎日一萬人近い人が買い出しに来る繁盛ぶりである」という記述がある。ここでいう「愛好常食物」とは、「牛の臓腑、豚の頭、ふか等と食物界のグロ」のことである。そして、長い朝鮮の煙管を手にしている長ヒゲのハラボジ（お爺さん）、乾燥明太を売っているようすやチマ・チョゴリ（女性の朝鮮服）を着て、背中に赤ちゃんを背負った女性（ポデキという朝鮮式のねんねこ半纏姿）、豚の頭を並べた前に大きな鍋に火をかけ、座ってそれを見守る男性、細い路地を人がひっきりなしに往来する風景を写した写真が掲載されている。その写真の説明には煙管、明太魚、チャリ、豚の頭、朝鮮生魚、靴、布地売り、もやし、つけもの（日本のタクアン）とある（写真2）。

写真１

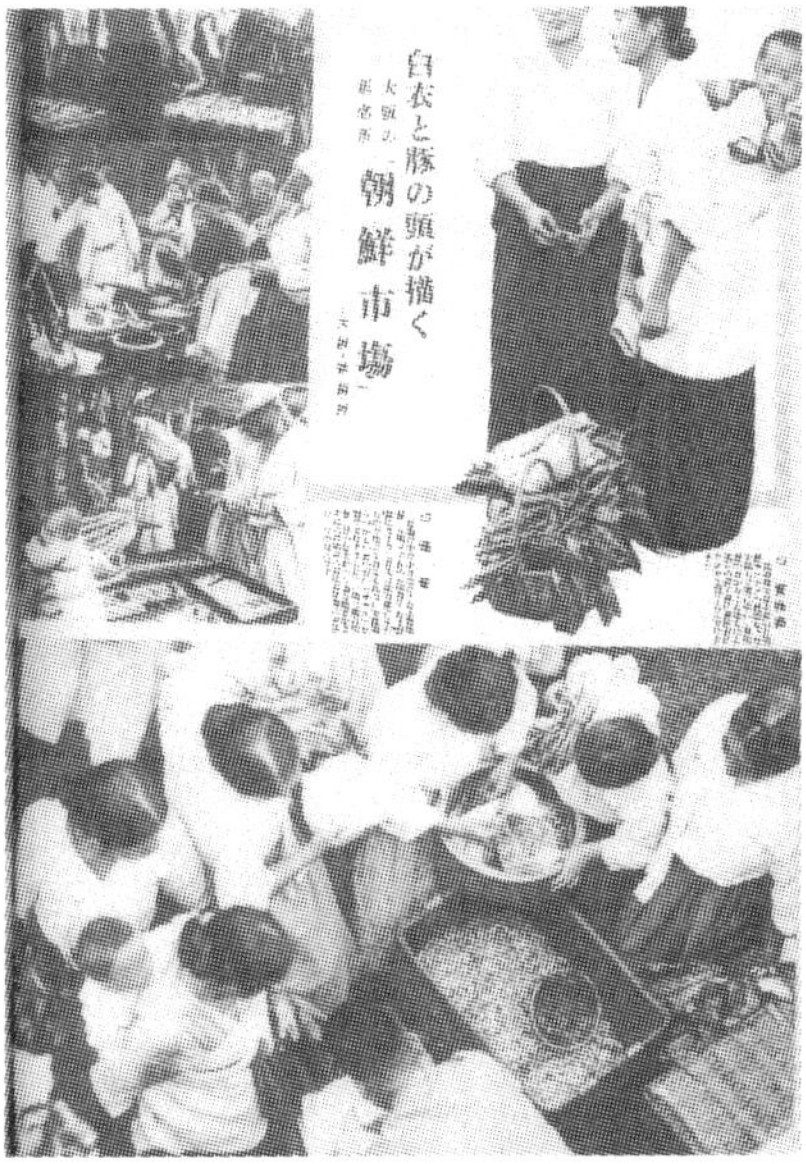

写真２

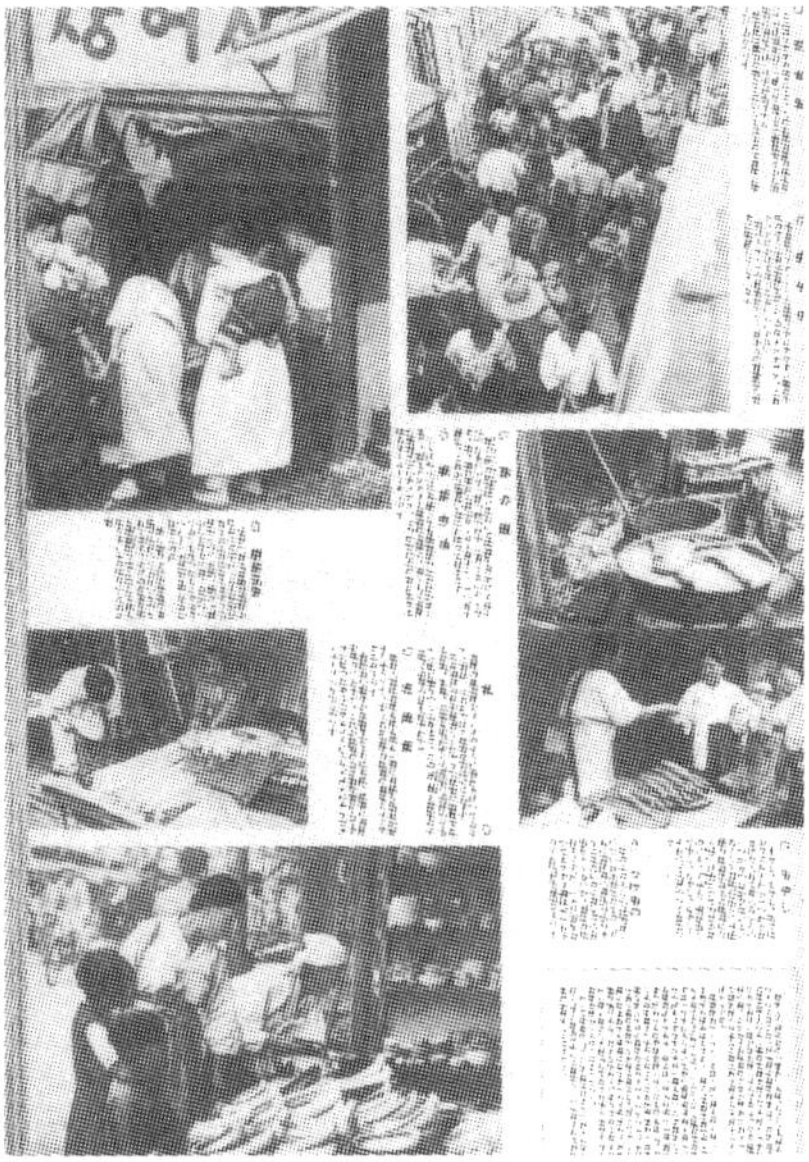

写真３

写真１、２、３　1933年発行の『アサヒグラフ』より

「食物界のグロ」として紹介されている牛の臓腑は、現在では焼肉屋で塩タンと呼ばれて好まれている牛のタンやシマチョウ、アカセンといったモツ類であり、テールスープになるテールである。また、豚の頭は巫俗儀礼ではなくてはならない供物の一つであり、韓国の南大門市場では、笑っている豚の頭が店先に並んでいるくらいだ。また、蒸した豚は冠婚葬祭や祭祀に用いられる料理であり、豚足や豚の耳は、今では日本人もコラーゲンがいっぱいあると好んで食べる人もいるが、当時はグロテスクな食べ物と思われていたのだろう。フカも祭祀の供物として現在でも使用されている。

ここに描き出されている風景は、とても日本とは思えない。それはまるで朝鮮の地方のとある市場のようである。記事にも「ここでは日本語よりも朝鮮語の方が巾がきゝます」とあり、「豚とニンニクと贓物の臭氣に、棒と丸で出來た朝鮮文字のカクテル、その中を白衣の群が泳ぎまはる」という描写がある。記事の内容から市場を利用する人や売る人のなかに済州島出身者が多いことがわかる。たとえば明太魚の項目では「北海道産の明太が高価なので済州島の連中には買えない」や、売っている商品紹介のなかに「チャリ」(済州島の近海でとれるスズメダイで島民が好む食材)があることなどから、そのことがうかがえる。

「朝鮮市場」が路地裏に形成された背景には、表通りの商店街との関連が考えられる。表通りの商店街については「第一次世界大戦後に景気の悪化により失業者が増加したために、物価安定を図って各地に公設市場がつくられた。この政策で生まれた鶴橋公設市場が核となり、周辺に商店街らしいものができた」と白井さんはいう。この商店街は「市場型商店街」で、どこにでもある魚や果物、野菜、豆腐、漬物などを売る店が徐々にできていった。白井さんが、六、七歳の子どもの頃(一九三四、五年の頃と思われる)の記憶では、このあたりはたいへん賑わっていた。それは、近くに今里新地という歓楽街があり、そこの店などからこの商店街に仕入れに来ていたからで、「昭和の初期から一〇年頃までは、月初めや年末には余りにも人が多いから、警察が見守りに来ていたくらいだから」と話してくれた。

この表通りの御幸通り商店街には日本人だけが住んでいたが、東端に布地を売っている一軒だけは朝鮮人の店であったという。しかし一歩、商店街の裏の路地に入ると、朝鮮人が多く暮らし、なかには日本人もいたという。この一九三〇年代中盤頃は、表通りの御幸通り商店街と路地裏の「朝鮮市場」が最も賑やかな頃であった。

太平洋戦争に突入すると食料などの物資が不足し、経済が統制されていくなかで商売が難しくなり、さらに空襲が激しくなってくると店を閉め疎開する人が多くなり、この商店街もひっそりするようになった。この頃は「モノを並べて売ることなんかしなくなった。そんなことしたら捕まってしまう。買いにきたらこっそり家の奥から出して売ったもんや」と金敬子さんはいう。

朝鮮人はどこにいても祖先祭祀や名節《ミョンジル》（正月や端午、中秋などの伝統的な祝日）などを祭ることを人の道理と考えていた。日本においても祭祀や名節は朝鮮でのそれと同じように行なわれていたし、それは食べるものがない時代ですら、滞ることなく継続されていたのである。祭祀や名節の膳に供える供物は出身の地方や家によって多少異なるが、一般的にはチョッカル（牛肉を串に刺して焼いたものと豚肉の串刺し、フカの串焼き、なかには蒸した鶏も供える）と魚類（チョギ：イシモチは姿焼き、もしくは甘鯛：開いて焼く）、干し明太魚、三種類のナムル（ほうれん草、大豆もやし、コサリ：ワラビ）、くだもの（奇数の種類と個数）、餅（シルトック：粳米を蒸した餅で、丸くケーキのような形の上に小豆をのせている、キルムトック：油で揚げた餅、蒸しパン）などである。

金敬子さんは太平洋戦争が激しくなった時期、日常的にも食べるものがないときでも祭祀が行なわれていたといい、この祭祀や名節の儀礼に欠かせないものがモヤシと魚だった。そのときの様子を「バケツに穴を空けてモヤシ（大豆モヤシ）を家で栽培するねん。肉なんかとんでもない。魚はどこからか手に入れてきて、後はジャガイモをゆがいたものを供えたり、サツマイモの季節には、サツマイモを蒸して供えたりしたんよ」と話す。このような祭祀用の食材の入手先がまさに「朝鮮市場」であったのだ。

3 戦後の「朝鮮市場」と生活文化の変遷

(1) 戦後の「朝鮮市場」の変遷

日本の終戦は、朝鮮人にとっては日本の植民地からの解放を意味する。一九四五年の八月に二〇〇万人以上いたとされる朝鮮人は、解放とともに故郷の朝鮮半島に帰っていった。しかし、植民地の初期に日本に渡って来て家族を呼び寄せた朝鮮人のなかには、生活基盤を日本にもち、定着していた人も数多くいた。かれらが引き揚げることに躊躇している間に、米軍政は引き揚げの際の荷物や所持金を厳しく制限した。そのために、帰国せずにようすを見ていた朝鮮人は約六〇万人に及んだ。

終戦直後の日本は混乱していて食べるものがなく、配給による統制経済が続いた。配給制度のなかで人びとが生きるために生まれたのが闇市であったが、大阪で最大規模の闇市は鶴橋駅周辺に誕生した闇市だという。そこでは日本人だけではなく、朝鮮人や中国人が一緒に商売を行なっていたので「国際市場」と呼ばれていた。それが、現在のJR鶴橋駅周辺に存在する「国際市場」である。

他方、御幸通り商店街とその路地にある「朝鮮市場」はどのような状況であっただろうか。戦争末期に御幸通り商店街も空襲を受け、路地にあった朝鮮市場も御幸通りの店もほとんど焼けてしまったという。そのため多くの人たちが疎開した。戦争が終わっても、もとの住民である日本人はなかなか帰ってこなかった。それでも家主は焼けた土地に家を建てて賃貸をはじめたが、借り手のほとんどが朝鮮人であった。

こうして表通りの商店街に、戦前路地裏にあった朝鮮の食材を扱う店が、一軒、二軒と現われはじめた。商売をしていない家の軒下を借り、そこに板を置いて商売をはじめる店もあった。このような状況下で御幸通り商店街に朝鮮人が現われるのは、一九四八年以降だと金敬子さんはいう。「大阪府庁で朝鮮の子が亡くなってから、朝鮮人が御幸通りにウジョウジョ現われてん（一九四八年四月二六日の大阪府庁前で朝鮮人学校閉鎖に抗議する朝鮮人のデモ隊に警官が発砲して金太一少年が死亡した事件を指す）。後で聞いたら、その頃、統制経済が解除されたらしい」と。

朝鮮の食材を扱う店が増えてくると、大阪近郊だけではなく、京都や奈良からも朝鮮人がやって来るようになった。正月や旧盆の名節が近づくと買い物客であふれんばかりの賑わいとなり、中央商店街でチョギ（イシモチ：済州島以外の地域の祭祀や名節に供える魚）や甘鯛を売っていた金允洪さんは、何十杯のトロ箱の魚を売ったという。これは、金さんのアボジ（父）金万年さんがはじめた商売であった。最初は済州島で海女をやっていたオモニ（母）が近くの海で潜って採ったものをアボジが並べて売っていたという。

一九一三年生まれの金万年さんは一九五一年に魚介類販売業従業員の許可書をとり、中央市場へ出入りし、仕入れていた。この頃になると、オモニは潜らずキムチや野菜のおかずをつくって販売していたと三男のお連れ合いが話してくれた。

一九七〇年代までは平日でも客が多かったという。朝鮮市場のモヤシやチョギなどの品質が良いので、わざわざ遠くから買いに来たといわれる。また、他の商店街にはあまり見られないゴマ油専門店が「朝鮮市場」にはある。朝鮮料理に欠かせないゴマ油を専門に販売するこの店は、朝鮮戦争後にこの商店街に入ってきた店の一つである。この店では、ゴマ油を搾り出す機械を購入し、香りや味では市販のゴマ油では味わえないような良質のゴマ油を生産している。それは、祭祀と名節料理には欠かせないので、遠方からも、この店のゴマ油を求める人が多い。

朝鮮戦争は復興期の日本経済にとって慈雨（いわゆる特需）となったが、朝鮮半島の分断はこれによって決定的となり、日本に残った六〇万人の朝鮮人は「在日すること」を余儀なくされる。すでに多くの文献で明らかなように、在日は戦後においても厳しい差別政策のなかにおかれていた。働く場所が得られなかった在日は、親族が結束して家内工業を営むことで生き抜いていった。劣悪な環境のなかでの長時間の重労働を耐え抜かせたのは、親族の揺るぎない結束であり、その結束をはかる役割として祭祀や名節が機能した[8]。だからこそ、厳しい生活のなかで生活費を削りながらも祭祀や名節などの儀礼を立派に行なおうとしたのである。「シッケ（祭祀を意味する済州島方言）やいうたら、近所の人や親戚でいっぱいやった」と在日二世である一九四一年生まれの韓正二さんは、子どものころの祭祀のようすを思い起こしてそう語ってくれた。

祭祀や名節といった在日の年中行事だけでなく、定着化が進むと、おのずから結婚式や葬式といった冠婚葬祭も行なわれることになる。このような習俗も朝鮮式に行なわれた。一九五六年に在日の青年と結婚した金敬子さんは結婚式のようすを次のように語った。

新郎が新婦の家に迎えに来て、結婚式というのはなく、結婚後に暮らす家へ行くと、真ん中に座らされた。その横には仲人をしてくれた近所のアジュモニ（おばさん）が座っていた。部屋には新郎の家族の知り合いが多く、祝いに来て食事をしていた。洋服ではなく白いチマ・チョゴリを猪飼野でつくってくれたのを着ていた。新郎は洋服を着ていた。目の前の膳には蒸した豚肉が山盛り置かれ、ほかには蒸した鶏、ゆで卵が花形に二つに切られたものが置かれていたという。「うちは小さいときから日本人の家に丁稚奉公させられていたので、せとものの茶碗に七分くらい入れられたご飯を食べていたのに、出されたご飯は鉄のおわんにテンコ盛りに入れられていて、びっくりして食べられへんかった。それに、今は豚肉や鶏肉も食べるけど、そのときまで食べたことがなかったので、手もつけへんかった」と語り、そばにいたアジュモニが蒸した鶏をむしって、祝いの席に来ていた人たちに配ったことがとても印象的だったという。

新婦が着る花嫁衣裳は、白いチマ・チョゴリという民族衣装だった。「朝鮮市場」には民族衣装を扱う店があり、「チョゴリ屋」と呼ばれている。この店では一世のなかで民族衣装を上手につくれるアジュモニに縫製を任せる。民族衣装は、結婚式だけでなく葬儀でも用いられる衣装である。朝鮮で行なっていた冠婚葬祭の習俗が移民先の日本においてもそのまま行なわれた。たとえば、遺体に着装する死装束はスゥィ（壽衣）といって麻でつくった民族衣装である。喪主や遺族も、麻もしくは白の綿素材のサンボク（喪服）を着る。サンボクとしては、男性はパジ・チョゴリに上着（トゥルマギ）の腰に左よりの藁紐を締め、頭にはトゥゴン（遺族の男性が被る帽子のこと）を被るが、喪主だけは手に竹の杖を持って弔問客を迎える。女性は同じ素材のチマ・チョゴリ、頭には白い布をピンで止めて喪に服していることを表わす。女性のこのピンは日常的にもつけられ、タルサン（脱喪：喪明け）の日にサンボクや故人の遺留品（洋服や靴など故人が使っていた身の回り品）とともに焼く。火葬に抵抗感をもつ一世のなかには日本で亡くなると、韓国へ遺体を空輸して土葬する人もいたが、これには莫大な費用がかかるため、多くの在日は火葬し、遺骨は寺に安置されていた。日本で墓を建て遺骨を安置するようになるのは、一九七〇年代以降からである。

日本社会への定着化が進むなかで、冠婚葬祭などの習俗も日本社会のシステムに組み込まれていくようになる。そんななかでも、遺体にスゥィ（壽衣）を着せることや喪主がトゥゴンを被るなどの民族的な慣習を残しつつ、日本の文化を取り入れた異文化混交的な文化を創造している。これらの文化創造を底辺で支えてきたのが「朝鮮市場」であった。

（2）在日の生活文化の変遷

では、日常生活での「在日」の食生活は、日本での定着化が進むなかでどのように変化したのだろうか。[9]一九四五年に二〇歳で日本へ渡ってきた李乙松（一九二五年生まれ）さんの生活から見てみよう。

李さんが日本に渡って来てしばらくは西成区にいる親戚の家で生活をしたが、終戦直後の統制経済のなかで松坂や名張などの大阪近郊の農家へ米の買出しに行っては、闇市に売り渡すという仕事をして生活していた。一九五一年に結婚し、五二年から出産を機に生野区へ移り住んで二男二女をもうける。出産と同時に買出しの仕事をやめ、家でマトメ（紳士服の仕立ての内職）をすることになる。舅と一緒に暮らしていたので、食事は故郷の済州島での食生活に準じていたという。

朝鮮では毎食食卓にあがるミッパンチャンという料理がある。日本でいえば漬物や梅干に相当する。李さんの場合はキムチとニンニクの茎の醤油漬けだった。これだけは、現在でも自分で漬けているという。しかし、この二つは食べるとニンニクの臭いがするので、日本の学校へ通っている二世や日本人のいる職場へ行くときは食べなかったという。日本社会に身をおくことが多い二世は、「チョウセン、ニンニク臭い」と言われることへの気遣いから、好きなキムチも一週間に一度（土曜日）にしか食べないという人が多い。

それ以外は、夏にはチシャ菜やエゴマの葉でご飯を包み、そこに薬味味噌（味噌にニンニクとゴマ油を混ぜたもの）

写真５

写真６

写真７

写真５、６、７　こんなキムチ屋さんが軒を連ねている

をのせて食べるが、必ずスープを準備する。日本の味噌汁や吸い物に代わるものだが、夏にはネングクといって冷スープが出され、時々はチャリムルフェ（スズメダイのスープ）をつくったという。これは前掲の『アサヒグラフ』にも掲載されていたもので、朝鮮半島でも済州島民しか食さない食材である。チャリの鱗をきれいにとって、骨がついたまま千切りにし、そこへ薬味としてニンニク、ゴマ、ゴマ油、エゴマの葉、刻んだ青唐辛子に酢、醤油で味付けしたものに、冷たいスープを入れて、スープまできれいに飲み干すというものだ。これ以外にも済州島の人びとが郷土食として好んで食べるもののなかにモンクッ（海草スープ）やコブクロ（牛の子宮）などがあり、陸地といわれる朝鮮半島本土では食べられないが、大阪では食べることができるというわけだ。

李さんが家族の健康を気遣って腕をふるう料理には、テールスープとホルモン焼きがある。肉体労働を強いられることが多かった在日にとって、健康を維持することは大切なことであった。そのために、精力がついて安い食材であるテールやホルモンが選ばれた。日本人がテールやモツを食べないために、とても安かったからでもある。だから、とくに夏バテが始まる六月からは給料日などに、必ずといっていいほどホルモン焼きをした。一九六〇年代、ホルモンは「バケツ一杯で一〇〇円だったのでよく買いに行かされた」（韓正一さんの話）ほど、在日の健康を支えた格好の食材であった。

さらに李さんは、病弱な子どもの健康を守るために春先と初秋に、アワビに高麗人参五本入りのお粥を食べさせていた。現在と違って当時、高麗人参は高価であったが、成長期に高麗人参を食べると健康になると信じられていたからであった。

日本での生活が長引くなかで、李さんは日本料理の腕もあげるようになった。子どもが小学校などに入学し、遠足や運動会へ行くときのお弁当をつくるためであった。李さんはそんな日には、必ず海苔巻を作って持たせた。韓国でも行事の日のお弁当には、キムパブ（海苔巻）が定番のメニューである。朝鮮語ではキムが海苔で、パブがご飯だから海苔巻ということになる。

だが、植民地期に入ったといわれる海苔巻でも日本のものとは少し違う。韓国のご飯は酢飯ではなく、ゴマ油と塩で味付けし、具には卵焼きにタクアン、それにほうれん草のおひたしを醤油で味付けたもの、子どもの好きなウインナーソーセージをゴマ油で炒めたものを入れる。李さんのつくった海苔巻は、このような韓国のキムパブではなく、酢飯に高野豆腐や干瓢（かんぴょう）などの具が入った日本の海苔巻である。日々の食卓には育ち盛りの子どもにあわせて、ほかにもカレーライスやおでんなどもメニューに入っていた。ただ少し違うのは、海苔巻の酢飯や具、おでんの味付けも、日本人のそれよりも砂糖を控えめにしたという。

このように日本の食生活を受け入れても、在日一世は朝鮮風なのである。その一つの例が卵焼きだ。朝鮮では卵だけを油で焼くということはあまりない。祭祀などの供物では茹でた卵か、もしくは白身魚などの食材を卵につけてゴマ油で焼くチョンという調理法が主である。そのため一世たちは、卵焼きには必ずゴマ油を使っていた。インタビューした二世の多くが、印象的な一世の料理としてゴマ油で焼いた卵焼きをあげた。「卵焼きはゴマ油で焼くものと思っていた」のが、成人してはじめて「サラダ油で焼くことを知ったときは、びっくりした」そうである。在日の家庭でのゴマ油の消費量は、きっと日本人家庭の数倍はくだらないだろう。「コリアタウン」ではゴマ油を一升瓶（現在ではプラスチックの容器）で売っている。

祭祀の主体が一世から二世へと交代するなかで、正月の料理などに変化が生まれている。つまり、正月の朝に行なわれる儀礼用の料理をつくると同時に、二世は日本のおせち料理や雑煮などもつくるというのだ。ルーツである朝鮮半島の料理と生まれ育った日本の料理の両者を受け入れることで、日本社会に対応し、根を張りはじめようとする在日の生きる術がそこには見てとれるのである。その変化は、二世の在日女性たちに二重の負担を課していることにもなるのであるが……。

4 「朝鮮市場」から「コリアタウン」へ

一九五〇年代から六〇年代の「朝鮮市場」は豚を蒸す臭いにニンニクやキムチのそれが入り混じった独特な臭いがしていたという。ここに暮らす友人に会いに来ていた金相文（一九五一年生まれ）さんは、子どもの頃の印象を「汚い、臭い、暗い」というものだったと語る。

一九六〇年代から七〇年代まで、正月や陰暦の正月、秋夕には多くの買い物客で賑わったというが、八〇年代になると急激に閑暇になった。その理由を聞いてみると一つは、鶴橋駅周辺の国際市場に客が集まり、少し不便な「朝鮮市場」にまで客がこなくなったこと、二つは、在日の世代が一世から二世へ、三世へと交代することによって、祭祀や名節が簡素化されたり、取りやめられたりする傾向が強まり、顧客が減ってしまったことである。三つ目には、南北分断により同胞同士が反目することになったことも「朝鮮市場」への客足を鈍らせることになった。

南北分断の影響は、一九六五年に結ばれた日韓基本条約以後になって顕著に現われた。日韓基本条約によって南の地に故郷をもつ多くの在日は、故郷への往来が可能となった。韓国への往来と引き換えに韓国政府は、外国人登録上「朝鮮」という符号をもつ人たちに韓国籍への切り替えを要求した。それは自由なる国籍の選択ではなく、故郷への往来を餌に南の政権支持を求めたものであった。そのため、左右の理念対立は以前にも増して激しくなり、朝鮮半島での南北対立が在日社会へ持ち込まれる結果となった。「朝鮮市場」のなかに持ち込まれた理念の対立は、在日が力を合わせて困難な状況を克服する機会を奪ったのである。

一九六〇年代に韓国で政権についた朴正熙大統領が儀礼の簡素化政策を推し進めたことも影を落としている。済州島でもそれまで行なわれていた五月の端午の名節が一九七〇年代には、ほとんど行なわれなくなっていた。

そのため、国交正常化にともない韓国との往来が頻繁になると、済州島でも行なわれていないという理由で端午の名節がなくなった。隣人が参加するなど賑わっていた祭祀も在日間の理念対立が深刻になるなかで、ごく近親の親族だけが集まるようになる。祭祀や名節の簡素化は、そのまま「朝鮮市場」の売上げと直結することになっていった。

さらに、日本社会への定住化が進むなかで在日の若者の国際結婚が九割近くに達し、日本国籍取得へ向かう在日が増えている。このことは、それまで一世が培ってきた民族性へのこだわりや、朝鮮の習俗の継承を困難にしている。そして、こうした一連の事態は在日の生活文化を全面的に後押しし、そのことを生業としてきた人たちに方向転換を迫ることになった。

写真7　コリアタウン御幸通り入口

写真8　朝鮮半島の雰囲気がうかがわれる

一方、御幸通り商店街自体にも変化が現われていた。一九八〇年代以降、大型店舗のスーパーの進出などによって日本の各地で商店街が衰退する傾向にあった。一九九三年、御幸通り商店街の核であった鶴橋公設市場が廃止に追い込まれた。こうした状況のなかで、韓国大阪青年会議所と日本の青年会議所が、商店街のかつての賑わいを取り戻そうと一九八五年頃から集まり、共同で「コリアタウン構想」を提唱するようになった。つまり、朝鮮の食材やモノを扱う店が多いという御幸通り商店街の特徴を活かして、そこを前面に押し出すことで商店街の再生を図ろうとしたのである。それは、従来の在日を対象とする商いの戦略を、エスニックブームやキムチブームなどの日本社会の変化に応じて、在日以外の人をも対象とする戦略への転換を意味した。つまり、ネガティブであった朝鮮のイメージをポジティブに捉えなおすという価値観の転換であった。

そこに、道路のカラー舗装に対する補助金を出すという大阪市の政策に乗る形で一九九一年、「コリアタウン構想」がついに具体化することになった。この間、中央商店街の会長であった白井さんは、東商店街会長と相談して、西商店街の会長に話をもっていった。しかし、その当時から西商店街は日本人商店主と朝鮮人商店主の割合が七対三で中央・東商店街に比べて日本人商店主が多かった。また中央商店街とあまり関係がよくなかったという理由もあって、当時の西商店街の会長から「うちは結構です」と断わられた。そのため、現在のように、中央と東商店街だけで「コリアタウン」をつくることになった。これが完成したのが、一九九五年のことである。

おわりに

二〇世紀初頭、植民地支配によって生活の場を追われた朝鮮人は、働く場を求めて大阪にやって来た。脆弱な生活基盤しかもてない移民たちが肩を寄せ合い生きる場が「猪飼野」であり、彼・彼女らの日常の生活を支えたのが「朝鮮市場」であった。そこには故郷の生活で消費されていたモノがあり、同胞が集い、故郷に連なる情報が行き交っていたのだ。

戦前、彼・彼女たちは「食物界のグロ」と蔑まれ日本人が食べずに捨ててしまうようなものをただ同然の安い値段で貰い受け、滋養強壮によい食べ物につくり変えていった。それが、現在では日本人の三大好食の一つになっている焼肉なのだ。生きるための知恵であった朝鮮の食べ物は、朝鮮人の生命を長らえさせ、同時にそれを生業とする人たちを生み出した。

戦後、植民地支配から解放されたが、世界政治の渦の中に巻き込まれた朝鮮人は故郷に帰ることがかなわず、在日することを余儀なくされた。朝鮮半島で勃発した朝鮮戦争が、分断を固定化させ南北が対峙するようになる。これにより、厳しい差別の状況のなかでも祖先祭祀などの朝鮮の習俗を継続することで生き抜いてきた在日のなかに理念対立がもち込まれ、祭祀に集まった親族の間でも激しく対立することが頻繁に見られるようになった。そのような一世の姿を見て育った二世たちは、より否定的に民族を捉えるようになる。さらに、日本社会で進行している核家族化が在日にも浸透し、親族が結束することで生き抜いていた在日に変化をもたらした。

祭祀を司っていた一世が亡くなり、祭祀の手続きや方法を知らない二世のための祭祀のマニュアル本やビデオテープが発売されている。これらのことなどから在日の民族性が希薄になり、日本へ同化しているとする指摘がある。しかし、このような見方は、毎日の食生活のなかに積み重ねられている在日の生活文化の継承を見逃してしまうのではないだろうか。

日常生活における食生活で、今も食べている朝鮮料理といえば、キムチとチャンジャ（魚の内臓を唐辛子で漬けたもの）くらいで、後は祭祀の供物料理だという在日二世は多い。しかしよく見ると、日常の食事においても一世たちが実践した生活文化は、着実に受け継がれている。たとえば、魚の煮付けでも日本人とは味付けが違う。ゴマ油と醤油を基本ベースにニンニクと生姜を臭い消しに入れる在日は、ニンニクの使用量などで日本人家庭とは比べものにならないくらい多いにちがいない。幼いときから食べなれた味覚、つまり身体化された料理の味覚は、しっかり一世から二世へ、そして、三世へと受け継がれているのだ。

また、在日が日本社会に根づかせた朝鮮料理の存在が看過されている。在日が命を長らえるために生み出した知恵が、最近のダイエットブームとかキムチブームなどが生まれる下地をつくった。日本における焼肉は在日が生んだホルモン焼きがもとになったといわれるが、一九八五年に発明された無煙ロースターによって、焼肉レストランへ女性や子どもが通えるようになり、焼肉のタレの商品化によって家庭でも焼肉が定着し、日本の家庭料理として根づくようになった。(19)

そして今、また新たな挑戦が始まっている。これまで「朝鮮市場」と呼ばれていた商店街を「コリアタウン」と命名し、否定的なイメージを明るいイメージへと装いも新たにした。日中のコリアタウンでは、自転車に乗った買い物客にまじって、さまざまな出で立ちの人びとに出会うことができる。手にチヂミをもって食べながら歩く学生、ガイドブックを手にしている人、旅行会社の企画でフィールドワークと称して案内人の説明を聞きながら探索する人たち、人権研修としてこのあたりを歩いて回る人、などなど……。

変化する日本社会に対応し生き抜こうとする戦略は、民族性が希薄になりつつあるといわれる在日とって、「コリアタウン」へ来れば、民族の色彩や香り、民族の音が体感できる場として存在するだろう。それは同時に、日本人にとって朝鮮という異文化を体験できる場にもなるだろう。

【読書案内】

金賛汀『異邦人は君が代丸に乗って』岩波文庫、一九八五
杉原　達『越境する民―近代大阪の朝鮮人史』新幹社、一九九八
路地裏探検隊（中山茂大文）『焼肉横丁を行く――コリアタウンのディープな歩き方』彩流社、二〇〇五
原尻英樹『コリアタウンの民族誌――ハワイ・LA・生野』ちくま新書、二〇〇〇

【コラム】異文化理解の実践③

神戸中華街

陳《ちん》 來《らい》 幸《こう》

神戸の中華街は、私にとって自文化理解の場でもあった。小さいときには母に手を引かれてお正月料理に欠かせない腸詰めの豚肉ソーセージや香菜（シャンツァイ）、また、時には本格的な角煮の材料として皮付きの豚肉をよく買い求めに行ったことを思い出す。

ところで、「中華街」という言葉の歴史は意外と新しいということをご存知だろうか。江戸・明治期の日本では中国から伝わったものの名に、よく「南京」をつけたものだ。南京木綿、南京焼き、南京錠と数えればきりがない。古くは六朝時代に始まり、十を数える王朝や国家の首都として栄えた南京は、東方の日本からみて、いつでも文化の先進都市であった。北方遊牧民族との交流の拠点であった「北京」とは異なる響きをもつ、爛熟した漢族文化の中心としての象徴的な存在でもあった。

安政の開国で横浜や長崎に居留地ができたのに続き、一八六八年に開港した神戸にも居留地が出現した。当時、清国人はランプなどのハイカラな品物を携えてこの地に進出し、やがて居留地の西側の一角に南京町が出現する。薬種屋、豚肉屋、両替屋、雑貨屋、海産物屋、料理屋が建ち並び、神戸の町に活気と賑わいをもたらした。

一八九四年の日清戦争を境に、隣国中国に対する日本人の見方も一変する。中国人を〝チャンコロ〟と蔑視し、やっかいなトコジラミを南京虫と呼んでいやがるような風潮が定着する。それへの反発からであろう、横浜や長崎では南京街と呼ばれていた自分たちの町を、その後「中華街」と名付けて現在に至るが、唯一神戸だけは今なお「南京町」を正式に使っている。日本におけるチャイナタウンの不思議の一つである。神戸の華僑が地元の政財界と長年共存関係を築いてきたこと、市民と神戸華僑がうまく共生してきたことにその原因が求められるのかもしれない。

第二次大戦の戦前・戦後を通じ、メリケン波止場から歩いてすぐの南京町には、船員たちがよく立ち寄った。現在三代目が切り盛りしている豚まん（肉まん）の老舗「老祥記」なども、もとは一時上陸した中国人船員にとって絶好の憩いの場であったという。、戦争後期ともなると、港を中心に栄えた周辺の貿易商社の多くは戦時統制政策で廃業に追い込まれ、街は活気を失った。戦後この一帯は米兵など外国人相手のバーが建ち並び、物騒になった。今のような賑わいをとりもどすのは、一九八〇年代の再開発以降のことである。

装いを変えた南京町には春節祭や中秋節などのお祭りが蘇り、若者が似合う街になった。めいめい気軽に串刺しの唐揚げやごま団子を買ってほおばり、使い捨て容器に盛った適量のラーメンや水餃子を割り箸ですすり込む食べ歩きのカジュアルさが受けている。このような屋台が建ち並ぶようになったのは、一九九五年一月一七日の阪神・淡路大震災での被災以後のことである。当時、震災からいち早く立ち上がり、屋台を出して温かい食べ物を無料で市民に振る舞った南京町青年店主たちのバイタリティあふれる姿は、映像を通じて全国に流された。いまやお店では、この屋台に負けないように呼び込みに必死である。

また、いかにも来日したての留学生アルバイトか、定着して間もない新華僑たちがあやしげなアクセントで客引きをしている姿がここかしこで見られ、観光客にとっては十分すぎるほどの異国情緒を醸し出している。これもまた現在によみがえった、かつてのあるべき南京町の賑わいなのかもしれない。思えば戦争末期から八〇年代頃に至るまで、日中間の人と人との往来はかつてないほど不自由であった。人流が復活した現在、かつて神戸に異国情緒を与え続けた南京町は、すっかり地元の人々に受け入れられている。日本社会に根づいた南京町の華僑華人たちはいまや周囲の商店街のリーダー役でもある。

活気あふれる市場機能は今も衰えない。ここは、東にある居留地の西洋人や華僑の人たちの食欲を満たすための肉屋や八百屋が軒を連ねると同時に、市民の台所でもあった。魚屋、すし屋、うどん屋など日本人の経営する店舗も昔から多い。いまでこそグルメブームに乗り、中華料理店が急増したが、南京町商店街振興組合の会員は日本人と華僑華人の会員が相半ばし、勢力は拮抗している。一見中国風のお祭りも、実は彼ら日中両国の若者による手作りの産物なのである。まさに多文化多民族が共生して街を盛り上げている。なかでも、毎年南京町のお祭りでお目見えする神戸市立兵庫商業高校「龍獅団」の活躍は、象徴的な存在であろ

写真１　1970年代の南京町の「老祥記」
（写真提供：老祥記）

写真２　現在の南京町（写真左手に老祥記が見える）

う。すでに一四年の歴史をもち、全国の公立高校で唯一獅子舞活動を行なっていることでも有名である。老若問わず、もはや中国語を母国語としない日本語の流暢な三世（老）華僑、八〇年代半ば以降に中国からやってきて日の浅い新華僑、そして日本人が、三者三様にこの南京町を盛り上げるために、一緒になって取り組む姿がここでは見られる。

　話を食に戻してみよう。すでに日本の食卓にのぼって久しいものはさておき、南京町ならではの食べ物に「あげパン」がある。中国語では普通「油条（ヨウティャオ）」と呼ばれる。中国の朝食には欠かせない食材である。そのまま食べても美味しいが、刻んだものをじっくり煮込んだ中華粥のトッピングとして食べたり、中国風クレープに味噌や溶き卵や刻みねぎとともに丸ごと巻いてそのままかぶって食べたり、と用途は広い。私の出身地である台湾やそのルーツの福建南部では、これを「ユウチャーケー」と呼ぶ。「油炸檜」という漢字を当てるのだと聞いたことがある。檜とは、宋の時代、北方の異民族「金」との和睦を説き、徹底抗戦を主張した民族の英雄岳飛を処刑に追いやった宰相秦檜のことである。にっくき秦檜。夫婦ともどもひねって油であげ、釜揚げの刑にしたいほどだ、ということである。真偽のほどはともかくとして、食べ物にまつわる故事典故は多い。

　最近では台湾スウィーツも人気である。ブラックタピオカの入ったミルクティー（真珠奶茶）はかなりポピュラーになった。そもそも蒸し暑い土地柄。暑気をとるデザートは豊富だ。たとえば仙草ゼリーはタイなどの東南アジアでも欠かせない。仙草は漢方の一種で、自生するシソ科の植物。黒蜜と一緒に冷やして飲み、美容と健康に欠かせない。ところが、同じ南方の漢民族でも広東人はあまり冷たいものを食べない。日々の家庭料理でもっとも薬膳に凝るのも広東人であろう。わが家は福建南方の系統をくむので、家庭料理（家常菜）として大根入りの鶏がらスープをよく食べたが、広東では大根は体を冷やすものとしてあまり食べない。私よりずっと若い大学の先生が同じ広東人同士で、福建に行ったときに大根のスープを飲んでお腹をこわし、どうして彼らはあんなに大根を食べるのだろうと眉をしかめて話しているのを聞いたことがある。もともと広東と福建とでは異なる民族が住んでいた。異文化圏が長い歴史のなかで、漢字と儒教の力によって統合された。中国の伝統文化が現在に伝えるところの妙味を実感したことを思い出す。

神戸の華僑華人の歩んだ歴史を垣間見たければ、西門の牌楼を出て南に下ればよい。南京町の賑わいを背にしながら最初の信号を渡るときに、左右を見てほしい。ここはその名のとおり、「東洋のウォール街」と呼ばれた栄町通り。つい三五年ほど前までは市電が通っていた銀行街である。このあたりは、一歩入ると、いまでもかつてのオフィス街を彷彿とさせる居留地風の建物がずいぶん残っている。栄町通りの一本南を東西に走る道は乙仲通《おつなかどおり》と呼ばれ、もう一本南の海岸通りと並び、かつては海産物問屋や華僑商社が軒を連ねていた。陳舜臣の小説『残糸の曲』の背景になったところである。同じく『三色の家』のモデルになった実家の海産物商社もこの右手あたりにあった。高速道路が通る国道2号線につきあたると、右手角に緑色の一〇階建てKCCビルがある。この二階が神戸華僑歴史博物館である。KCCとは神戸中華総商会（Kobe Chinese Chamber of Commerce）の略。かつて一世を風靡した広東人貿易商の同業者たちが集まる広業公所が所在していたところである。

一八六八年に始まる神戸の華僑華人社会のあゆみが、日本語と中国語の説明付きでよくわかる。年に二回『神戸華僑歴史博物館通信』が発行され、二〇〇七年九月に神戸で開催されることが決まった世界華商会議に向け、英語の説明付きパンフレットも作成された。ここは、トアロードのなかほどにある中華会館ビルと並び、神戸大学に事務局をおく神戸華僑華人研究会がよく例会を開催するところでもある。長年研究会を主催してこられた神戸大学名誉教授の安井三吉先生がボランティアでこの博物館の研究室室長として就任し、貴重な資料の収集と整理に余念がない。華僑華人関係の資料庫として一般に公開する準備を着々と進めておられる。同じくボランティアで説明係を務めてくださる藍璞館長や林正茂副館長、カウンターでチケット販売を担当している林宏仁さん、いずれもそれぞれのルーツを中国あるいは台湾にもつ華僑華人のみなさんだ。ふらっと立ち寄れば、多文化共生の実体験なども伺えるであろう。

入り口の揮毫「落地生根《らくちせいこん》」は神戸中華同文学校の金翼校長が書いたものだ。かつての華僑は必ず、やがては故郷に戻り、ふるさとに遺体を葬るのを常としていた。この「落葉帰根《らくようきこん》」（落葉はやがて養分となって土から根に吸収される）という考え方がいつの間にか変化し、いまや自分の生まれ故郷でもある慣れ親しんだ異郷の地に種を落とし、根を張るようになったということを意味するのである。

写真３　1970年代の南京町の様子を伝える写真
（写真提供：神戸華僑歴史博物館）

写真４　現在の南京町の様子

写真５　神戸華僑歴史博物館
左から林副館長、藍館長、林宏仁さん

大阪市コリアタウンで子どもたちの学ぶ隣りの国の文化

金《キム》　昌《チャン》　代《デ》

「まわりはみんな韓国みたいやけど、弁当見ると……弁当だけが日本やから」

これは、大阪市平野区にある加美小学校の五年生が、社会見学のためにコリアタウンを訪れたときの言葉である。少し緊張したようすでＪＲ鶴橋駅を降り、コリアタウンの入り口である百済門を通って、休憩場所に決めていた「班家・食工房」に到着した。ここは異文化交流のためにつくられた空間である（写真1）。店の内装や木製の家具や壁の飾りが、まるで韓国に来たような雰囲気をつくり出している。この空間を借りて自宅から持ってきた弁当を開けた。その目の前に、お店の人が、チヂミとキムチを出してくれた。

社会見学に来る前にコリアタウンのビデオを見た。そのときは、キムチの画像が流れると、「おいしそう！食べたいー！」といっせいに歓声を上げた子どもたちだ。きっとチヂミやキムチに飛びつくだろうと思っていたのだが、子どもたちは、何も言わずに弁当だけを無言で食べ続けた。不思議に思って「どうしたの？韓国に来たみたい？」と質問すると冒頭に述べたような答えが返ってきた。どの子も、弁当を食べ終えた後、じっくりと味わいながらチヂミを食べることにしたらしい。

大阪の公立小・中学校には民族学級がある。民族学級では、「韓国・朝鮮」にルーツをもつ児童が自己のアイデンティティーを確立するために同じルーツをもつ民族講師・ソンセンニム（先生）から自文化の言葉や楽器、慣習および地理、歴史などを学ぶ。これが民族学級だ。大阪市内の民族学級の数は二〇〇五年度に一〇〇校を超え、二〇〇六年度には一〇四校になる予定だ。常勤のソンセンニムがおかれている学校は市内に七校ある。加美小学校はそのうちの一校だ。常勤のソンセンニムが朝から学校にいるので、全校児童は朝鮮文化を学びたいときに学ぶことができる。授業のなかで民族講師から朝鮮文化を学ぶことを課内実践といっている。

写真１　食工房の入り口

加美小学校では、年間計画にしたがって課内実践が行なわれている。一学期は「民族学級の教室に行こう」だ。一年から六年までの全校児童が、クラスごとに担任とともに民族学級の教室に来て朝鮮文化の学習をする。発達段階に応じ、学習の内容を毎年、担任の先生方と考える。たとえば三年生のクラス全員がチョゴリを着た。担任の先生も一緒に、綺麗なチョゴリに着替えて記念写真を撮った。担任の先生や日本人の友だちが、楽しそうにチョゴリを着て喜んだ。その姿を見て、韓国・朝鮮にルーツをもつ児童が、さらに喜んだ。そして、「おれのこと本名で呼んでくれ」と、突然、担任や友だちに言い出した子どももいたくらいだ。

二学期には、民族学級で学ぶ子どもたちの発表会がある。民族学級で学んでいる友だちが、堂々と民話劇や楽器や踊りなどを発表する。その姿を見て、日本の子どもたちが朝鮮文化を理解するとともに、自分たちとは異なる文化をもっていることを学ぶ。三学期には、ソンセンニムが各教室を訪れ、朝鮮文化を教える。

これ以外に本校の特徴としてあげられるのは、毎年予算をとり「韓国・朝鮮の味を知ろう」という取り組みをしていることである。食文化にふれることで韓国・朝鮮のことを理解する。予算化されていることが、この取り組みを毎年続けさせている大きな要因だ。つまり、加美小学校の子どもたちは六年間、毎年、韓国・朝鮮を味わうことができるという楽しい取り組みだ。六年の間に何を食べさせてあげようかと考えるほうも楽しい。

一年生では韓国のお菓子を食べる。子どもたちは、韓国には日本と同じようなお菓子があることを知って大喜びする。二年生になると韓国・朝鮮の家庭で特に法事のときなどに使われる直径三〇センチメートルぐらいの丸いお餅（写真2）を食べる。丸い餅をはじめて見た子どもたちは大喜び。クラスの友だちみんなが喜んでいるので、今まで韓国・朝鮮にルーツがあることをなかなか言いだせなかった児童が、「その餅、法事のときに見たことある～」と大きな声を出す。三年生以上になると調理実習をする。三年生ではお菓子「キョンダン（だんご）」作りをする。だんごを作ってゆがいたら蜂蜜、きなこ、抹茶、ごま、黒ごま、カステラの粉などに絡めて食べる。「カステラ味のだんごってどんなんかな？」と興味津々だ（写真3）。

四年生ではチヂミ、五年生ではフライパンで作る石焼風のピビンバ。六年生では民族学級児童が漬けたキムチを使って、キムチチゲを作る。「あ～辛い」と言いながらキムチのおかわりをする。少し前までは、「キムチはくさいもの」で、学校で食べるなんて想像すらできなかったのにみんな嬉しそうだ。しみじみと時代は変わったなーと思う。「おいしかったからお母さんに教えてあげる」とレシピを持って帰る児童も多い。このことを通して保護者の方とも会話ができる。

このような積み重ねのなかで、五年生はコリアタウンに行くことになった。当日、「コリアタウンでは韓国のお金を使うのかな？」と、少しわくわくした気持ちで鶴橋駅に着いた。「まっすぐな平野運河の改修工事のために朝鮮からたくさんの人が来て働きました」という話に聞き入る子どもたち。百済門に書いてある「オイソ　ポイソ　サイソ（来てえな　見てえな　買うてえな）」という言葉に興味を持ちながらコリアタウンに入った。食工房で休憩し、グループに分かれて見学。白菜を山ほど積んでキムチを漬けている姿に感動したり、豚の頭にびっくりしたりした。

在日「韓国・朝鮮」人が生き生きと生活している姿がコリアタウンにはある。そして、一番心に残ったの

写真2　法事の時などに使う丸い餅

写真3　3年生　お菓子「キョダン（団子）」作り

は食工房の洪呂杓会長の話。「昔はキムチという言葉は、朝鮮人を差別するための代名詞として使われました。これから仲良くするために勉強してほしい」。その言葉に心を打たれて学校にもどってきた。

「コリアタウンに行って子どもたちが食べ物だけに興味を示したらどうしよう?」という心配は吹き飛んだ。子どもたちはたくさんのことを感じて帰ってきたようだ。「韓国料理の食べ方やチョゴリの着方」「都道府県別の在日の住んでいる数調べ」「百済の意味は?」などなど。インターネットや図書館を使って一生懸命調べ学習をした。「今でも差別はあるの?」かについて調べていたグループは、答えが見つからずに悩んでいた。調べたことや悩んだことが、六年生になってからの歴史の学習に結びつく。

六年生では、課内実践でソンセンニムから古代の朝鮮半島と日本との友好の歴史を学ぶ。「四天王寺ワッソ」のビデオには、古代朝鮮半島から華やかな文化を伝えるために大阪に来た人たちが、嬉しそうに迎えられている姿が再現されている。「四天王寺ワッソ」のテーマは「友情は一四〇〇年のかなたから……」だ。このビデオを見て、韓国・朝鮮にルーツをもつ児童も日本人の児童もとても嬉しそうだ。

はじめは驚いたり喜んだりびっくりしたりして、出会った隣りの国の文化。いろいろな場面でその文化を知ることで、楽しみ方を知った子どもたち。楽しむなかで友だちのことをもっと知ろうと思えるようになった。

コリアタウンに行ったことや課内実践でソンセンニムと一緒に学んだことが日本人の児童にも韓国・朝鮮にルーツをもつ児童にも元気を与え、これから互いの真の友情を育ててくれると信じたい。

第3章
環境・開発と食資源

ケニア山麓のジャガイモ市場（写真：石井洋子）

食文化ミニアルバム――ケニア・ギクユ人社会の日常食

①

②

③

①主食のギゼリ（豆とトウモロコシの塩煮）を食べるギクユ人女性
②ギセリにポテトを加えて料理するギクユ人女性
③ピラウ（中央下）とカチュンバリ（右上）

（※本章テーマ２参照）

テーマ1

食と環境

──東南アジアのエビ養殖からみた食資源の持続的利用──

浜口　尚

はじめに

一九八〇年代以降、アジア地域で急速に発展したエビ養殖は、マングローブ林破壊などの環境破壊、環境汚染の典型例とされてきた。(1)それから二〇年以上経過した今日（二〇〇六年）においても、環境保護団体などのホームページを覗けば、(2)そのような見解が散見される。数がどんどん増えようとも、相変わらず絶滅の危機に瀕しているとされる鯨類やアザラシ類の扱いと同じである。

一方で時代の流れとともにエビ養殖技術は進歩し、養殖対象エビ種も変わり、また品種改良も重ねられてきた。十年一昔というが、一昔も二昔も同じようなエビ養殖が続けられ、同じようにマングローブ林破壊が続いているわけでもあるまい。事実、マングローブ林を伐採し建設されたエビ養殖池がその後放棄され、そのエビ養殖池跡地に各種のマングローブを植林することで、マングローブ林として復活させている地域も見受けられる。

環境保護団体にとっては、捕鯨であれ、アザラシ漁であれ、あるいはエビ養殖であれ、何かを保護運動の対象としなければ活動資金が集まらず、保護運動という事業の継続が成り立たない。反捕鯨、反アザラシ漁、あるいは反エビ養殖運動も過去においては何らかの意義があったかもしれないが、筆者にとっては少なくとも今日的意義は見出せない。

国連の長期人口予測によれば、二〇五〇年には八九億人に達するとされるこのような時代[3]、地球環境の保全、食料資源の確保、生物資源の持続的利用は不可欠な課題である。マングローブ林も養殖エビも適切に管理されれば、地域住民の生活安定に貢献し、私たちも持続的に利用していくことができるはずである。

以下、本章においては、私たちの生活にとって不可欠な食品となったエビの、特に養殖に焦点を当てることで、食と環境とのかかわりを探ってみたい。

1 エビと食生活

フライ、てんぷら、にぎり寿し、グラタン、ピラフ、茶碗蒸し……。考えただけでもよだれが出てくる。エビを使った料理は実に多彩である。刺身、茹で物、煮物、焼き物、揚げ物、炒め物、調理法も何でもこい。和食から、洋食、中華、さらにはエスニック料理まで、エビは幅広く食されている。三時のおやつにエビせん、酒の肴にエビの塩辛、夜食にはエビ入りカップラーメン。好き嫌いに個人差はあるが、エビは私たちの生活にとって不可欠の食品となっている（写真1）。

エビ類は世界中に約二三四四種存在し（異なる分類法によれば二八六五種）、海の中を泳ぐ遊泳型のエビと、海底を歩く歩行型のエビに大別されている。欧州では遊泳型のエビのうち、体長五センチメートル程度より大きいエビをプローン（prawn）、小さいエビをシュリンプ（shrimp）と称するが、米国では両者を区別せずに一括してシュリンプと呼んでいる。[4] このプローン・シュリンプ類が、ふだん私たちの食しているエビである。一方、歩行型のエビには、高級食材であるロブスター類とイセエビ類が含まれている。本章において取り上げるのはプローン・シュリンプ類であり、歩行型のエビは含まれていない（本章中の各統計表も同様）。

このエビはバナナ等と同様、輸入自由化によって消費が拡大し、大衆化した食品である。一九六〇年エビの輸入量六二五トン、国内生産量六万一五九一トン、国内消費量六万二〇〇〇トン（推定）であったが、輸入が自由化された一九六一年には一挙に輸入量四〇五九トンとなった。さらに二〇〇〇年時点では輸入量二四万六七五四トン、国内生産量二万九二二八トン、国内消費量二六万五四七三トンとなっている。[5]

一九六〇年にはエビ国内消費量の九九％を自国産でまかなっていた日本であるが、その四〇年後の二〇〇〇年になると、国内消費量の九三％は輸入物で占められるようになった。輸入自由化がもたらした一つの結果である。

写真1　スーパーのエビ販売コーナー

日本のエビ輸入量は、一九七三年に米国を抜いて世界一となった。しかしながら、日本における消費不況を反映して、一九九〇年代半ば以降エビの需要と輸入は減少傾向にあり、二〇〇〇年代以降は年間二四万トン前後となっている（表1）。一方、米国は国民消費が好調ということもあって、二〇〇〇年代に入ってからはエビの輸入も増加し、二〇〇四年の輸入量は五一万八〇〇〇トンとなり、[7] 同年の日本の輸入量二四万二〇三七トンの二・一倍となっている。

これに対して、国民一人当たりのエビ消費量でみると、二〇〇〇年時点で日本は二・〇九キログラム、米国は一・四五キログラムとなっており、こちらのほうは日本がまだ世界一である。[8]

エビの消費に関して、日本、米国のどちらが世界一であるかを競ってみて

表１　日本エビ輸入統計[6]

		1970	1975	1980	1985	1990	1994	2000	2003	2004
総輸入量		57,146	113,672	143,256	182,291	284,253	302,975	246,821	233,632	242,037
輸入相手国	ベトナム	n,a	1,189	1,666	6,974	24,705	32,979	33,104	47,641	55,516
	インドネシア	3,684	21,060	27,569	24,357	53,169	63,666	49,804	52,391	48,673
	インド	6,386	29,942	35,249	36,235	35,708	44,193	50,005	28,191	31,572
	中国	6,247	9,768	14,502	10,664	43,371	20,417	16,635	20,534	22,715
	タイ	5,982	8,837	8,850	7,371	42,510	49,345	18,656	16,930	17,201
	フィリピン	n,a	1,107	2,395	5,986	18,612	16,916	8,346	6,422	6,273
	その他	34,847	41,769	53,025	90,704	66,178	75,459	70,271	61,523	60,087

（単位：トン）

図１　フィリピン、インドネシア、タイ

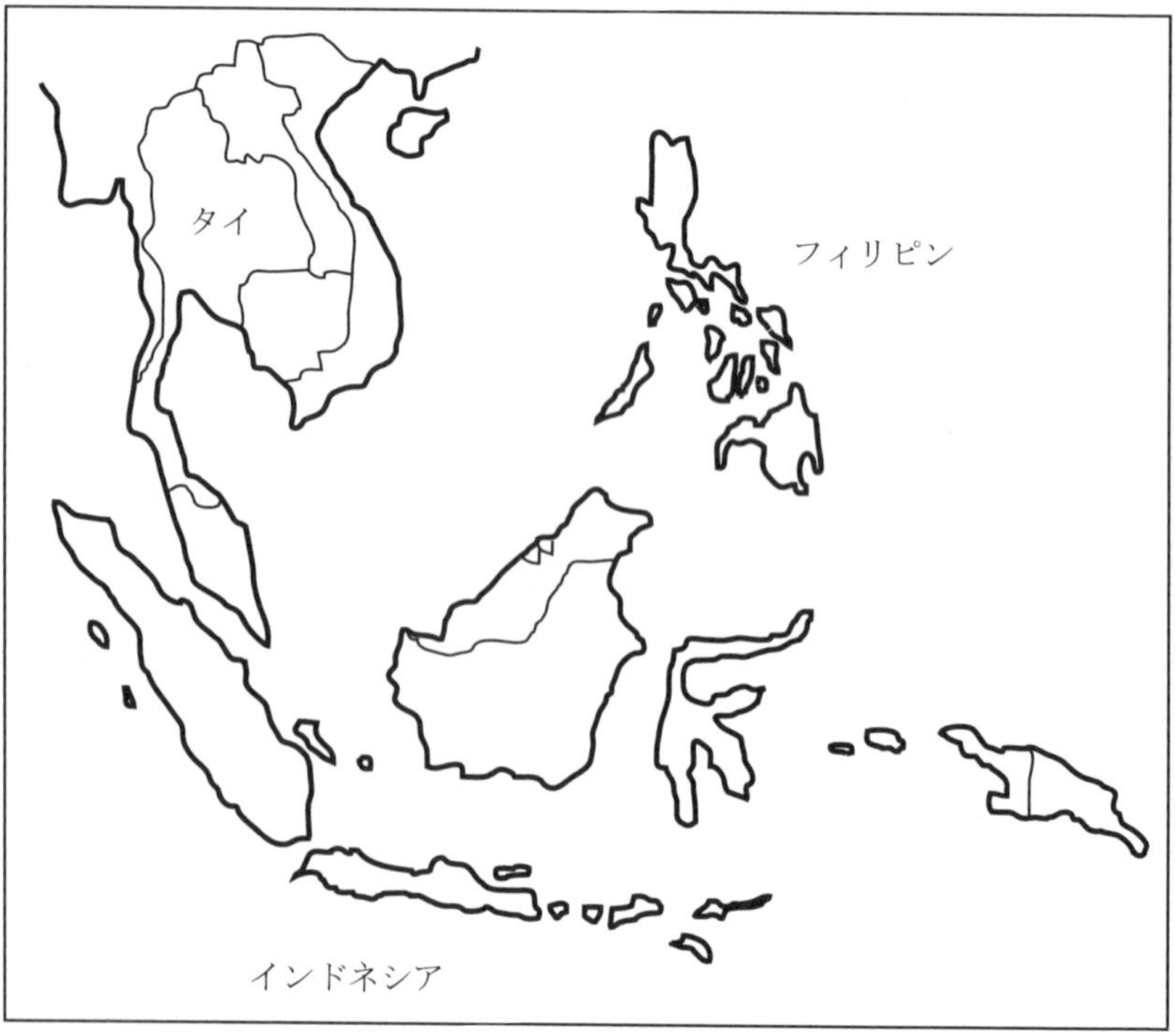

もそれほど意味があるわけではない。飽食世界一位と世界二位、どちらにしても名誉なことではない。両国で世界のエビを食い荒らしているのである。

日本の二〇〇四年のエビ輸入量は二四万二〇三七トン、輸入相手国の第一位はベトナム（五万五五一六トン）、第二位がインドネシア（四万八六七三トン）、第三位がインド（三万一五七二トン）、以下中国、タイの順となっている（表1）。このことから日本で食されているエビの大半はアジア諸国からの輸入品であることがわかる。

では、そのエビ生産国の現場はどうなっているのであろうか。次節においてはフィリピン、インドネシア、タイを取り上げ、エビ養殖の歴史的変遷について概観する。この三ヵ国を取り上げた理由はインドネシア、タイの両国は現在においても世界の主要な養殖エビの生産国であること、フィリピンは過去の一時期においては主要エビ生産国であり、今日でもエビ養殖に関して興味深い事例を提供していること、および筆者自身がこの三ヵ国で調査経験があることである（図1）。

2　アジアにおけるエビ養殖の変遷

――フィリピン、インドネシア、タイの事例より――

（1）エビ養殖小史

一般的にエビ養殖は汽水域（海水と淡水との混合によって生じた低塩分の海水が流入する地域）の養殖池で行なわれている。主要な養殖エビ種はクルマエビ属［*Penaeus*］とヨシエビ属［*Metapenaeus*］のエビで、これらのいずれもが真水に近い海水から四〇‰（パーミル、一‰＝〇・〇〇一％）以上の濃い塩分濃度でも生存可能な種である。さらに実際の養殖エビ種の選択に際しては成長の速さと種苗生産の容易さが重要であり、アジアにおいてエ

写真2　養殖されているウシエビ
（バリ島ヌガラ）

ビ養殖に利用されているエビはクルマエビ（商品名クルマエビ）［*M. japonicus*］、コウライエビ（同タイショウエビ）［*Fenneropenaeus chinensis*］、ウシエビ（同ブラックタイガー）［*P. monodon*］、テンジククルマエビ（同バナナ）［*F. merguinensis*］、インドエビ（同ホワイト）［*F. indicus*］の五種である[9]（写真2）。

東南アジアにおける汽水養殖池での魚養殖は、一四〇〇年頃にインドネシアのジャワ島で始まった。そして、そのジャワの養殖体系がフィリピンに広まり、マニラ湾岸沿いに養殖池が建設されていった。フィリピンにおける最初の養殖池はリサール州で一八六三年に記録されている。これらの汽水養殖池で伝統的に養殖されていたのは白身魚のミルクフィッシュ［*Chanos chanos*］であり、当該地域住民の美味で良質のタンパク質源として利用されてきた[10]。

そのミルクフィッシュを養殖している養殖池に海水を導入する際、紛れ込んできた天然稚エビが成長し、副産物として収穫されたのがエビ養殖の起源で、ウシエビ、テンジククルマエビ、インドエビ、ヨシエビ類などが粗放的な形態で養殖され始めた[11]。

フィリピンにおいては永い間、汽水養殖池生産物の九五％以上をミルクフィッシュが占めていたが、一九八〇年代に孵化施設産の稚エビと輸入飼料が商業的に入手可能となり本格的なエビ養殖が始まり、汽水養殖池生産物に占めるエビ（主としてウシエビ）の割合は一九八〇年の〇・八％から一九九〇年には一七・八％に上昇した[12]。

輸出向けのエビ生産熱が高まった一九八〇年から一九八八年の間にミルクフィッシュの生産に用いられていた養殖池がいくらかの改造を加えられてエビ養殖池に転換され、さらにサトウキビ畑などの農地もエビ養殖池に転換された[13]。

一九九一年の輸出高三万四六一トン、輸出金額二億七二九五万五〇〇〇ドルがフィリピンにおけるエビ養殖産業の絶頂期と考えられ、生産高は一九九四年に最高の九万四二六トンとなった。しかし、一九九五年以降、病気発生等により生産は減少し、二〇〇〇年以降は持ち直したが、二〇〇三年以降は再び病気発生のため生産は減少している[14]（表2）。なお、エビ養殖に転換されて生産高が減少したミルクフィッシュであるが、その後のエビの病気発生の結果、エビ養殖からミルクフィッシュ養殖に再転換された養殖池も多く、二〇〇〇年以降はミルクフィッシュの生産高も増加している[16]。

表2　フィリピン・インドネシア・タイ養殖エビ生産統計[15]

	1985年	1990年	1995年	2000年	2004年
フィリピン	32,380(*)	47,591	88,815	42,000	n.a.
インドネシア	37,656	107,295	145,000	137,000	242,000
タイ	15,841	118,227	259,540	297,400	325,000

(*)1987年（単位：トン）

タイにおいてはタイ湾奥部沿岸地域の塩田に混入したテンジククルマエビ、ヨシエビ類の天然幼生が成長し、副産物として収穫されたのが粗放的な形態のエビ養殖の始まりであった。初期のエビ養殖池はサムサコン、サムソンクラム、サムプラカーンの三県に立地し、一九四〇年代における塩価格の低下がこれら三県における塩田をエビ養殖池に転換させ、粗放型養殖池の増加につながった[17]。

一九七三年に漁業省は養殖池の自然の餌に加えて補助飼料を必要とする半粗放型養殖を促進しはじめ、一九八三年には台湾の多国籍企業が地元企業との合弁でタイに進出して、ウシエビの集約型養殖をもたらした。一九七三年における養殖エビの生産高は一六三五トンであったが、一九八三年には一万一五四九トンとなった[18]。

タイでの集約型エビ養殖が本格的に展開しはじめたのは一九八六、一九八七年頃からで、サムサコン県を中心に発展、その後タイ南部のタイ湾に面したスラタニ県、ナコンシタマラート県に拡大し、少し遅れてタイ南部のアンダマン海側のトラン県、クラビ県、プーケット県にも普及した[19]。

さらに一九九〇年代の後半に入ると内陸部でもエビ養殖が発展した。とくに一九九七年の通貨暴落、経済危機以降はバーツ安でエビの輸出価格が上昇し、産地は増産ブームに沸き、内陸部でのエビ養殖は一層拡大した。しかしながら、内陸部養殖池周辺の稲作地帯に塩害が頻発し、一九九八年七月に内陸部地域でのエビ養殖は禁止されるに至った[20]。

その後も一九九九年一月のEU諸国のタイ国産エビに対する関税減免特権率の削減、二〇〇四年一二月の米国のタイ国産エビに対するダンピング課税などタイのエビ生産に影響を与える出来事が次々と生じているが、タイのエビ生産は順調に推移し、二〇〇四年に三二万五〇〇〇トンに達している[21]（表2）。

（2）エビ養殖の三形態——粗放型／半集約型／集約型——

次に、エビ養殖の実態についてより理解を深めるため、そのエビ養殖の三形態を取り上げる。

一九九九年の資料によればフィリピン、インドネシア、タイの三ヵ国における形態別養殖池比率はフィリピン（粗放型三〇％：半集約型六〇％：集約型一〇％）、インドネシア（粗放型五〇％：半集約型二五％：集約型二五％）、タイ（粗放型五％：半集約型七〇％：集約型二五％）となっている[22]。前掲表2と本数値を見比べてみれば集約型養殖が生産増に寄与していることが理解できる。

①粗放型養殖（extensive culture）——天然の餌の利用を図り、投餌経費を抑え、低経費で、より大型のエビ生産をめざす養殖方法。種苗養殖密度は低く、養殖池開発費も他の二形態よりも大変安い[23]。

②半集約型養殖（semi-intensive culture）——粗放型養殖に集約型養殖のいくつかの要素が取り入れられた形態の養殖方法。一ヘクタール当たりの飼料代は粗放型養殖の三倍になり、養殖池開発費も四〜四・八倍になる[24]。

③集約型養殖（intensive culture）——高密度生産を図る養殖方法。飼料代（粗放型養殖の三・九倍）および水質、塩分濃度、水温、酸素溶解度、pH等の維持管理に多額の経費がかかり、他の二形態に比べて生産経費は非

表3　エビ養殖の3形態－粗放型／半集約型／集約型－(26)

	粗放型養殖		半集約型養殖		集約型養殖	
	フィリピン	タイ	フィリピン	タイ	フィリピン	タイ
池面積(ha)	1～10	5～20	1～2	1～5	0.1～1	0.5～1
養殖密度(数/ha)	1万～3万	5000～2万	3万～10万	5万～10万	10万～30万	10万～50万
水質管理	潮汐＋ポンプ	潮汐＋ポンプ	潮汐＋ポンプ	ポンプ	ポンプ	ポンプ
酸素補給	なし	なし	随時補給	いくらか	強制補給	あり
餌	天然の餌 随時補助飼料	天然の餌	天然の餌 人工飼料	生餌 固形飼料	人工飼料	固形飼料 生餌
残存率(%)	60～80	80	70～90	80	70～90	70
生産高(t/ha/年)	0.6～1.5	0.3～1.2	2～6	2.5～5	7～15	5～20

常に高まる（粗放型養殖の五・六倍、半集約型養殖の二倍）。また、養殖池開発費も粗放型養殖の六・四〜六・八倍となる(25)。

三養殖形態の特徴を表3にまとめておく。

集約型養殖は高収量をもたらすが、巨額の初期投資と操業経費が必要である。また、高密度養殖のためウイルスによる病気が発生しやすく、リスクも高い。一方、粗放型養殖は収量は低いが、経費も少ないので、リスクは低い。ハイ・リスク＝ハイ・リターンをめざすか、ロー・リスク＝ロー・リターンで満足するか、事業家ならば誰しも頭を悩ますところである。

では、半集約型養殖はどうであろうか。インドネシアにおけるある調査では、最大の収益を得て同時にリスクを最小限にするためには一平方メートル当たり一四〜一八匹（一ヘクタール当たり一四万〜一八万匹）の半集約型養殖を採用すべきとの見解が示されている(27)。同様にフィリピン在住のエビ養殖家によれば「効率の良い土地利用、養殖場のリスク、養殖管理の難易度、投資効率から考え合わせると、半集約的養殖の有効性が理解できる(28)」としている。案外、結論は中庸なところにあるのかもしれない。

（3）エビ養殖の功罪

ところで、エビ養殖は生産地住民の暮らしと、どのようにかかわっているのであろうか。本小節においては、エビ養殖が生産地住民の暮らしや環境に与えた影響について考察する。

一九九四年の南部タイに関する資料によれば、エビ養殖者の推定年収は三二万六六九三バーツで、漁師の同六万九八四四バーツの四・五倍、稲作農民の同四万七九二七バーツの六・六倍となっており[29]、エビ養殖が産業の乏しい地域における貴重な収入源となっていることが理解される。

また、一九九五年のインドネシアに関する資料によれば、エビ養殖産業の地域被雇用者数は二八万七〇〇〇人、その総年収は四八八〇億ルピアと推計されており[30]、エビ養殖産業は地域住民にかなりの雇用効果を与えていると推察される。

端的にいって、エビ養殖は儲かるおいしい事業なのである。いくつかの文献からその根拠を示しておこう。

「エビ養殖場は初期投資の回収には約二年が必要であるだろう[31]」（インドネシア）

「三年で完全に大きな利益をあげる経営といえる。実際には、二年もかからずに元をとっている池が多数あるという[32]」（タイ）

「五ヵ月かかる養殖作業を二回から三回行えば、最初にかかった投資を回収できるという話であった[33]」（タイ）

「一九八〇年代終わり頃の高い市場価格は、多くの生産者が初期投資を一年以内に回収することを可能にした[34]」（タイ）

以上は一九九〇年代までの話であるが、最近でも事情はほとんど変わっていない。筆者が二〇〇二年三月にインドネシア、バリ島で調査していたとき、「エビ養殖はうまくいけば二年で初期投資を回収し、三年で一軒家が建つ」という話を聞いた（**図2**）。同時期、バリ島では従来からのエビ養殖地帯であったデンパサール近郊だけではなく、デンパサールから自動車で三時間以上の距離に位置する穀倉地帯のヌガラ地方でも水田の間にポツンポツンとエビ養殖池が建設されつつあった（写真3）。やはりエビ養殖は儲かるからなのであろうと当時は想像していた。

では、エビ養殖はなぜ一、二年という短期間で初期投資が回収でき、儲かる商売となっているのであろうか。川辺が的確に指摘しているように[35]、それはエビ養殖にかかる費用に養殖池のエビ生産にかかる直接経費しか含まれておらず、生産活動が環境や社会に与える負の影響、すなわち「外部不経済」が含まれていないからである。要するに、直接経費以外をすべて周辺地域に垂れ流すことで、本来ならかかるはずの経費を節約しているから儲かるのである。

以下、エビ養殖の外部不経済について検討していく。

図2　バリ島地図

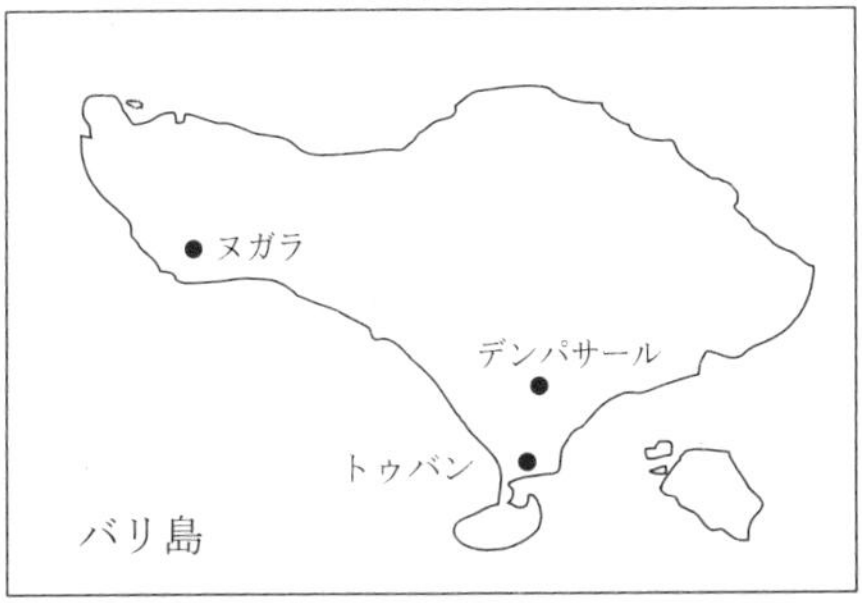

バリの食事風景　（写真：河合利光）

写真3　エビ養殖池（バリ島ヌガラ）

エビ養殖池の建設地は、もともとマングローブ林であった土地とそれ以外の土地に大別できる。マングローブ林であれ、それ以外の土地であれ、熱帯・亜熱帯地域での養殖は光、熱エネルギーが豊かであるため、養殖池の新陳代謝は激しく、老化が速い。また、マングローブ林であった土地には強い硫化物が堆積しているため、排水と池底の乾燥が十分になされていなかったならば、養殖池は数回の収穫後に酸化する。一般的には最初の三、四年しか生産的ではなく、改善された管理技術によっては養殖池の存続は、七〜一五年は可能であるが、生産者は利益が低下したならば養殖池を放棄する。[36] 後に残るのは不毛な土地だけである。

エビ養殖で問題となるのは放棄養殖池だけではない。放棄養殖池はある意味ではその場所だけの問題であるが、厄介なのが養殖池からの排水（あるいは滲出）による水質汚染、土壌汚染である。これはエビ養殖池の周辺部のみならず、水の流れにあわせて広範囲に被害を与える。集約型エビ養殖では高タンパク質、高リン質の飼料の投入および高割合の水交換が必要とされ、水交換の際に有機廃棄物、殺虫剤、化学薬品、病原微生物等が水路に排出され、最終的に沿岸海域が汚染されるとともに、周辺地域への塩分の滲出によって農地も汚染される。[37]

タイ南部きっての米の生産地であるナコンシタマラート県、スラタニ県では一九八七年にエビ養殖が始まったが、わずか三年で水田や家庭用の水源であった河川や運河が汚染されて塩水化し、水田に多くの被害が出た。[38] もちろんタイにおいてもエビ養殖に関して排水の水質基準や汚水処理装置の設置義務、海水や汚泥の排出禁止などの法的規制はあるが、周辺地域まで監視の目は行き届かないし、そもそも法を遵守すれば儲からないのである。これでエビ養殖を三年すれば一軒家が建つ理由がおわかりいただけたはずである。

（4）エビ養殖とマングローブ林

それでは、環境を破壊するとされるエビ養殖のためのマングローブ林の開発は中止すべきであろうか。二つの対照的な見解を掲げておく。

「マングローブ開発における最善の策は、何も手をくわえず、そのままにしておくこと。そうすれば、マングローブは、報酬も求めずに自発的に熱帯沿岸域の管理をしてくれる。それに優る方策はない」[39]（マルタ・ヴァヌチ）

「マングローブ地域において、単位面積当たりの土地から得られる粗収入を産業別に比較した場合、現在のところ養殖経営に勝るものは他にはない。このため、短絡的に経済性のみを追求して土地利用を行うならば、全てのマングローブ林地域の土地を養殖池に転換すれば、最も高い収益性が得られることになる」[40]（井上泰子）

人はその誕生以来、地球環境に働きかけることにより自らの存在を維持してきた。衣食住、すべての局面において自然の恵みを享受してきたのである。手つかずの自然は部外者には美しく、また望ましいものかもしれないが、そのもとで暮らす当事者にとっては手つかずの自然とは無用の長物でしかない。利用できてこそ価値が生じるのである。問題なのはその利用が健全であるかどうか、持続的であるかどうかなのである。マングローブ林も同様である。マングローブ林にはマングローブ林にふさわしい利用法があるはずである。

マングローブ林がもたらす直接的な利益には材木、薪、炭、タンニン、染料等の林産物、伝統医療用の薬草、エビ・カニなどの甲殻類や魚類等の水産物があり、間接的な利益には防潮・防風林、陸地保全、海洋生物への生息域の提供、観光・レクリエーション効果などがある。[41] これらの利益が持続するような形で利用されればよいのであるが、残念ながら過去において（あるいは現在においても）、ふさわしくない利用があった（ある）のは事実である。

タイにおいては、一九六一年以前には三七万二四四八ヘクタールのマングローブ林が存在していたが、一九九六年には一六万七五八二ヘクタールとなり、この間に開発されたマングローブ林のうち三二・七%はエビ養殖池に転換されたものであった。一九八七年以前のエビ養殖はもっぱら粗放型と半粗放型で行なわれており、これらのエビ養殖は広面積の養殖池で行なわれるため、巨大なマングローブ林地域の開発を必要としていた。(42) 粗放型および半粗放型は集約型に比べて操業自体は環境に与える負荷は少ないが、開発に際してはかなりのマングローブ林を破壊してきたのであった。

フィリピンにおいても同様で、一九二〇年代のマングローブ林四五万ヘクタールから一九九〇年には一三万二五〇〇ヘクタールに減少した。その減少の五〇%はミルクフィッシュの養殖池（時にはエビとの混養もあり）への転換であった。(43)

タイにおいてもフィリピンにおいても本小節の冒頭で引用した井上の言うとおり、短絡的に最も高い収益性を狙ってマングローブ林が養殖池に転換されたのであった。そして短期間儲けた後、その大部分は前小節でみたように放棄養殖池となったのである。

では、放棄養殖池は、その後どうなるのであろうか。塩水が浸透した土地であるので農地への転用は不可能である。住宅用地や工業用地ならば転用も可能であるが、需要はそれほどあるわけでもない。結局はそのまま放置しておくか、マングローブ林に戻すしかないのである。マングローブ林に戻すといっても、一度破壊してしまったものを復元するのはたやすいことではない。手間と暇と金がかかるのである（写真4）。

インドネシアのバリ島には、もともとは国有林であったが貸与されて集約型エビ養殖池として利用され、その後返還されたエビ養殖池跡地が多くある。日本の国際協力事業団（現・独立行政法人国際協力機構）は、そのエビ養殖池跡地に開発協力事業としてマングローブの植林を実施することで、一九九三年から一九九九年までの七年間に計一八二ヘクタールのエビ養殖池跡地を再生した。(44) その資金は私たちの税金から出ているが、私たちがエビを食べるためにインドネシアのマングローブ林を開発させたようなものであるから、植林への技術協力は当然のことであるだろう（写真５）。

二〇〇二年三月、上述のマングローブ再植林地敷地内にあるマングローブ情報センターを訪れた。同センターでは国際協力事業団の技術協力を受けて、エビ養殖池跡地にマングローブを再植林し、そのマングローブ林を持続的に利用するために、マングローブ林内でのエコツーリズム事業を立ち上げようとしていた（写真６）。施設の整備および維持管理、ツアーガイドの育成等、数々の解決すべき課題を抱えながらも、エビ養殖ではないマングローブ林の利用の可能性を探求していた。

お金をかけてマングローブ林をエビ養殖池として開発し、今度はお金をかけて放棄されたエビ養殖池をマングローブ林に戻す。それならば、先に引用したヴァヌチが言うように、マングローブ林には何も手をくわえずにそ

写真４　水門跡と背後の植林されたマングローブ（バリ島トゥバン）

写真５　エビ養殖池跡地へのマングローブの植林（バリ島トゥバン）

写真６　マングローブ林観察用遊歩道（バリ島トゥバン）

のままにしておくのが最善の策かもしれない。しかし、それでは地域住民にお金は落ちない。お金がすべてではないが、生活のためには何がしかのお金は必要である。

増田と井上がそれぞれ別箇所で指摘しているように、(45) 海岸線にマングローブを植林し、それに隣接する形でエビ養殖池を建設すれば、あるいは既存のエビ養殖池の外側にマングローブを植林すれば、開発による地域住民の収入増とマングローブ造林は両立するはずである。

二〇〇四年一二月末に発生したスマトラ島沖大地震による津波では、インドネシア、タイの両国に大被害が生じた。両国のエビ養殖池、稚エビ孵化施設においても同様である。しかしながら、タイにおいてはマングローブ林が天然の防潮林として働き、その背後面に建設された家屋や施設は津波の影響をほとんど受けなかったという報告もある。(46) エビ養殖池とマングローブ林の並立は可能である。エビ養殖池の外側にマングローブを残す形、あるいはエビ養殖池の外側にマングローブを植林する形で開発を進めれば、地域住民に何がしかのお金を提供し、かつまた彼らの生命、財産も守ることができるのである。

3 エビ養殖の将来

東南アジアにおけるエビ養殖は、一九八三年に台湾からタイにウシエビ（ブラックタイガー）の集約型養殖が導入されて以降急成長した。ウシエビはそれ以前に養殖されていた在来種のテンジクタルマエビ（バナナ）よりも生存率は高く利益も良かったため、集約型養殖とともに各国各地に普及していった。(47)

しかしながら一九九〇年代に入って以降、イエローヘッド病やホワイトスポット病などのウイルス性の病気が次々と養殖場のウシエビを襲い、各国各地の養殖場に大被害を与えた。イエローヘッド病やホワイトスポット病などの病気は、集約型養殖にとっては宿命のようなものである。集約型養殖を続ければ、人工飼料の大量投与による食べ残しおよびエビの排泄物の池底への堆積、水質の悪化、過密養殖による生体へのストレスなどが重なり合い、病気発生のリスクは高くなるのである[48]。

ウシエビの場合、孵化施設において稚エビを生産する際、野生の親エビを利用している。すなわち、海で抱卵している雌エビを捕獲し、それを稚エビ孵化施設で人工的に産卵させるのである。野生の親エビは多くの病気に感染しており、親エビの輸入、搬送によって養殖池に病原体がもたらされるのである。発病リスクが高いところに病原体がもたらされれば、発病する可能性はきわめて高い。また、たとえ発病しなかったとしても、ウシエビはアジアの多くの地域において成長を阻害する多数の病原体に感染しており、かつてと同じほどは成長しなくなっている。加えて、周期的に病気にさらされるため、ウシエビの生存率は一九九八年＝五八％、一九九九年＝五四％、二〇〇〇年＝五二％、二〇〇一年＝四九％、二〇〇二年＝四九％と年々下がり続けている[49]。もはやウシエビではあまり儲からなくなっているのである。

ウシエビの病気罹患性、低成長、低成果を受けて、アジア地域のエビ養殖国においては養殖対象種をウシエビから北米・中南米で養殖されているウエスタンホワイト［*Litopenaeus vannamei*］に変えつつある。養殖技術の進んだ北米・中南米産のウエスタンホワイトに関しては、特定病原体に感染していない（**specific pathogen free: SPF**）親エビをハワイから購入できるようになっている[50]。

フィリピンでは一九九七年、インドネシアでは二〇〇一年、タイでは一九九八年にウエスタンホワイトが初めて商業的に導入され、その後生産を増やしている。フィリピンでは二〇〇二年のエビ生産高に占めるウエスタンホワイトの割合が九・五％から二〇〇三年には一三・一％、インドネシア同一〇％から二三・一％、タイ同三・八％から四〇％となり、ウエスタンホワイトの時代が到来しつつある[51]。

ウエスタンホワイトのほうがウシエビよりも高収穫、高生存率、低コストという利点がある。病気に関してはそれぞれが罹患しやすい病気があり、一長一短があるが、SPFエビを生産できるウエスタンホワイトのほうが現在のところは利点がある。ただし、SPFエビも養殖池に搬入された後、施設の維持管理が悪ければ、各種病気に感染する。残念ながら、アジア地域のエビ養殖施設は、北米のエビ養殖施設ほどは生物安全対策が行き届いていない。ウシエビに生じたことがウエスタンホワイトにも生じるであろうことが予見される。その時に備えて、早くもインドネシアなどでは北米からウエスタンブルー〔*Litopenaeus stylirostris*〕が試験的に導入されている[52]。

黄（バナナ）から黒（ブラックタイガー）、そして白（ウエスタンホワイト）、さらには青（ウエスタンブルー）へと、アジアのエビ養殖はカメレオンのように色を変えながら生き残ろうとしている。それが持続的なのかどうか、筆者にはよくわからない。

まとめ――エビ養殖との環境調和をめざして――

過去においてエビ養殖がマングローブ林を破壊してきたことは事実である。しかしながら、当然のことではあるが、マングローブ林が消失してしまった地域において新たなマングローブ林破壊は起こりえない。エビ養殖が儲かる事業であるならば、エビ養殖池の防風林・防潮林として役立つマングローブ林は重要であり、エビ養殖池の外側（海岸側）へのマングローブ植林のきっかけとなる。

フィリピン、インドネシア、タイにおいては、新たなマングローブ林の開発は法的に禁止されているが、伐採を禁止するだけではマングローブ林開発の抑制にはならない。インドネシア、スマトラ島においては、食品多国籍企業の大規模エビ養殖施設内にある海岸部のマングローブ林が地元住民によって不法に伐採され、家屋やエビ養殖池が建設されている[53]。生計手段の乏しい地域住民の生活を考えることなしに大企業に広大な土地使用権を付与したことが問題であり、住民によるマングローブ林の違法伐採も一概には非難できない。マングローブの植林を含めて、生計手段としてのエビ養殖とマングローブ林の並存を可能にする道を探っていくべきである。また、エビ養殖池からの排水が周辺地域（特に農作地）の環境を汚染してきたことも事実である。エビ養殖者が操業によって初期投資を回収し、多少の利益を出したとしても、養殖池汚染により事業継続が不可能となり、養殖池を放棄し、他地域に移転せざるをえなくなったならば、また新たな投資が必要となる。移転先でまた環境汚染を引き起こせば、投資→資本回収→移転の繰り返しとなり、富の蓄積は望めない。結局は外部不経済としての環境破壊が残るだけである。

排水処理、水質汚染対策等を零細事業者に求めることは酷である。国に対策を求めても立法化が限界で、施行・監視にはなかなか手が回らない。だから放棄養殖池が増えるのである。すべての外部不経済を生産地（国）に負わせ、その費用を負担せず、おいしいエビだけを食べ続けることはあまりにも無責任である。私たちが世界の環境保護を望むのであるならば、「エビ養殖反対！」と声高に叫ぶのではなく、排水処理、水質汚染対策等に積極的に財政支援を行ない、関わっていくべきなのである。

アジアのエビ養殖は生産性向上と病害対策のため、養殖エビをテンジクルマエビからウシエビ、さらにはウエスタンホワイトに替え、近い将来にはウエスタンブルーへの転換も見込まれている。在来種ではないウエスタンホワイトやウエスタンブルーの導入は短期的には利益を生むかもしれないが、従来存在していなかった病気の発生を引き起こす可能性はきわめて高い。

また、ＳＰＦエビ（特定の病原体に感染していないエビ）やＰＣＲエビ（特定の遺伝子やＤＮＡ配列を増産する技術によって生産されたエビ）の導入が図られ、あるいは検討されているが、経費がかかるわりに効果は万全ではない。遺伝子操作に対する不安は言うに及ばず、結局は米国の稚エビ生産事業者だけが儲かる仕組みになっているだけではないのかという危惧の念を抱く。

ウエスタンホワイト、ウエスタンブルーという北米・中南米産エビのアジア地域への普及も米国基準のエビのグローバル化、食のグローバル化なのであろう。そうだとするならば、そのグローバル化の行き着く先は目に見えている。決してバラ色の世界が待っているわけではない。私たちは何とかその米国基準によるグローバル化の流れを断ち切る必要がある。その際、すべての地域にあてはまるわけではないが、三〇〇年以上も粗放型養殖で収益をあげてきたインドネシア、ジャワ島シドアルジョ地域のエビ養殖が参考になるのかもしれない。(54)

私たちに与えられた課題は、地元住民の生計手段のために、地球環境の保全のために、食料資源の確保のために、そして生物資源の持続的利用のために、環境と調和したエビ養殖のあり方を考えていくことである。

【読書案内】

多屋勝雄編著『アジアのエビ養殖と貿易』成山堂書店、二〇〇三

藤本岩夫・井上爾朗・伊丹利明・永井毅『えび養殖読本』(改訂版)水産社、二〇〇四

村井吉敬『エビと日本人』岩波新書、一九八八

村井吉敬・鶴見良行編著『エビの向こうにアジアが見える』学陽書房、一九九二

安本教傳編『食の倫理を問う』(講座人間と環境6)昭和堂、二〇〇〇

テーマ2

「食」をささえる国際援助

――ケニア穀倉地帯の風景から――

石井　洋子

1 アフリカの「食」と開発

「飢えるアフリカ」――わたしたちのなかで、このようなイメージが定着して久しい。腹部がパンパンに張った栄養失調の子どもや、骨と皮だけになった母親の姿が連日のようにニュースに登場したエチオピアの大飢饉は、今から二〇年近く前のことである。しかしながら、二一世紀を迎えた今もなお、アフリカの「食」をめぐる問題が解決しないのはなぜだろうか。

本章では、こうした問いを出発点にして、アフリカの農業開発と地域社会について取り上げる。もちろん、アフリカ大陸は五〇以上もの国と地域の集まりであり、それぞれの背景を一括りにして語ることはできない。そのため、わたしが長期滞在した経験のある東アフリカ、ケニア共和国に注目して、「食」と開発の問題について考えてみたい。

まず、その問題点として人口増加、土地不足、食糧流通の三点に整理しておこう。「食」の問題は、食糧と人口のアンバランスな状況によって引き起こされる。たとえば、ケニアの人口は、一九七九年から一九九九年の二〇年間で二倍近くに増えている。当然のことながら、人口が増えれば、それだけの食糧が必要となるわけだが、ケニア政府は、その少なからぬ部分を輸入に頼っているのが現状である。FAO（国連食糧農業機関）による二〇〇〇年以降の統計を見ると、ケニア政府は、人びとの食卓に欠かすことのできないトウモロコシを平均で年間二一・六万トン、小麦の場合は五三・九万トンを輸入している。[1] こうした支出が、人びとの肩に重くのしかかっていくことは明らかだろう。

土地不足という状況もまた、「食」の問題と密接にかかわる。たとえば、次節で詳しく見るケニア中央部（セントラル州）の人口密度は、一九六九年から一九九九年の三〇年間に一平方キロメートル当たり一二七人から二八二人へと二倍以上となり、地域によっては、一世帯の保有可能農地（農業適地の面積を世帯数で割った数値）は半減している。こうした土地細分化によって、人びとは自分の畑を過度に利用せざるをえず、地味の低下から作物の減産をもたらしてしまうのである。また、換金作物（茶やコーヒーなど）を植えるシェアの増加やプランテーションの拡張は、自給用作物の生産量低下へとつながる。

食糧流通網の混乱についても、同様のことが言えよう。これまで、国内消費用の農産物は、公的な食糧流通機構であるマーケティング・ボードによって統制されてきた。しかし、その不正経営に対する噂が絶えないことや、収穫物を低い生産者価格で買い取られることに対して、人びとは「ノー」と言い出している。こうした生産者とマーケティング・ボードの対立は、近年の自由化と規制緩和をめざす動きのなかで頻繁に起きているが、結果的にそれは「食」の中心となるマーケットそのものを混乱させている。

そのほか、洪水や森林の過度の伐採、ＨＩＶ／エイズの蔓延、紛争などもまた、農業活動を崩壊させる要因となる。むしろ、ここで留意しておきたいのは、「食」の問題を引き起こす原因は一つではなく、社会の歴史や人びとの生活の営みといった社会的環境も複雑に絡み、多面的であるという点である。前置きが長くなったが、さっそくわたしのフィールドへの風景をたどりながら、「食」と開発の関わりを見ていくことにしたい。

2 フィールドワーク

(1) ケニアの概要

三五時間近い、南回り（成田→バンコク→アディス・アベバ→ナイロビ）のフライトを終え、ケニアの玄関口ジョモ・ケニヤッタ国際空港に到着した。ケニア初代大統領の名にちなんで付けられた同空港は、観光立国らしく世界中から老若男女の旅行者が集まり、古いながらも清潔に維持された近代的建物である。

ケニアは、タンザニア、ウガンダ、エチオピア、ソマリアと国境を接し、日本の約一・五倍の面積に二九〇〇万人の人口を有している（図1参照）。サハラ以南アフリカのなかで最も工業化の進んだ国の一つであるが、農業立国であることには変わりない。人口の約六〇％が農民であるといわれ、二〇〇二年に生産された農産物は、国内総生産（GDP）の二四％、輸出総額の四七％をも占めていた。

そうしたケニアは、多様で豊かな自然環境に恵まれている。たとえば、ケニア北部から東部につづく一帯は人口の希薄な乾燥地帯であり、そこでの主な生業は、ヤギやウシ、ラクダの牧畜業である。二〇〇六年初頭の大

図1　ケニアの地図

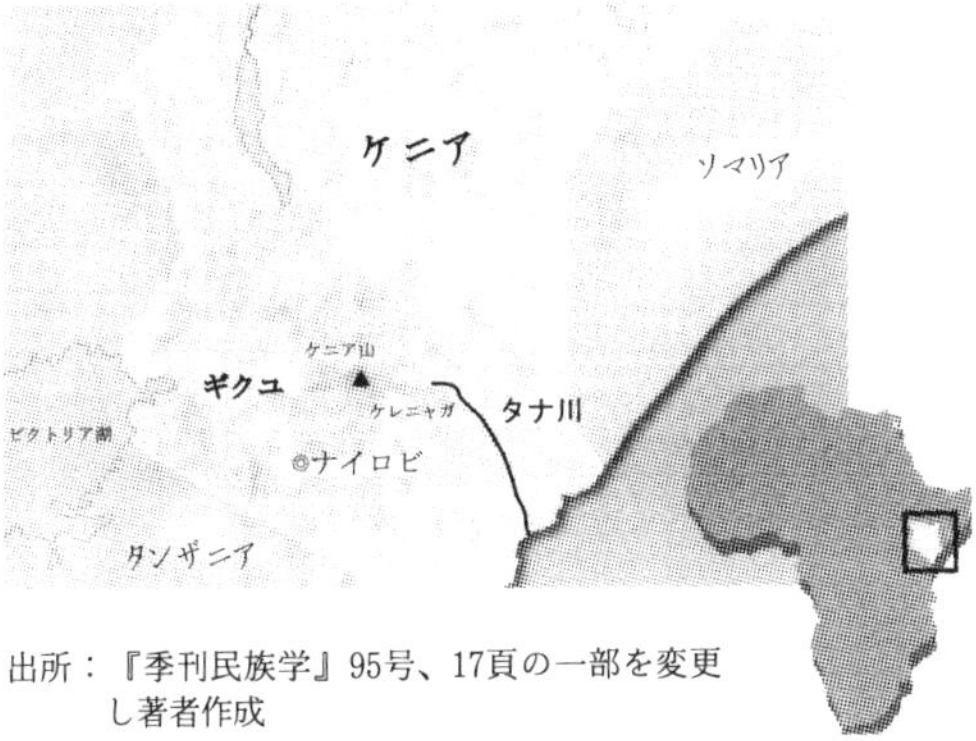

出所：『季刊民族学』95号、17頁の一部を変更し著者作成

きな干ばつ被害は、この地域一帯に広がった。他方、ケニア山周辺の中央部から南西部にかけての山地およびビクトリア湖岸地方は、温和で降水に恵まれた農業地域であり、コーヒーや茶、サイザル麻やトウモロコシ、除虫菊などが栽培されている。こうした地域の特性は、牧畜民や農耕民、または農牧民としての生活を育んだが、同時に隣接する社会集団の相互の関わりを多様なものにした。

なお、ケニアには四〇以上もの民族集団があり、バントゥー系諸語を話すギクユ人やカンバ人、ナイロート系のルオ人、パラ・ナイロート系のマサイ人やキプシギス人、クシ系のレンディーレ人やガブラ人などがいる。(2) 人びとは、それぞれの村で母語（ギクユ語やカンバ語など）を使用するほか、多民族が出会う町や公の場所などでは、小学校から学ぶスワヒリ語（国語）や英語（公用語）を用いている。宗教は、キリスト教の各種宗派が内陸部の奥地にまで普及しており、アラブの影響を受けた沿岸部はイスラームが強い。

（2）ギクユの人びと

ギクユとは、(3) 主にケニア中央部のケニア山南麓に居住し、農業のほか、首都ナイロビや近隣の町での賃金労働に従事する民族集団である。まずここで、ギクユ人社会のあり方について簡単に紹介しておこう。

ケニア山南麓に点在するギクユの村（母村）は、いくつかの系統の異なる父系出自集団（日本の氏族に類似する、男系の系譜関係でつながる人びとの構成する集団）からなる。同集団は「長老」をリーダーとして、土地の紛争解決や葬送儀礼の執行、家庭問題の調停などで協力しあう単位である。一方、父系出自集団のサブ・グループであり、より親密な関係にある核家族や拡大家族のメンバーは、日常的に助け合うほか、収穫期の畑を交代で夜警したり、菜園での農作業を相互に手伝う労働交換を行なってきた。つまり、ギクユの父系出自集団や家族は、社会生活を成り立たせる中核的な存在であるといえよう。

こうしたギクユ人社会での基本的な食事単位は、かまどを共有する母親を中心とした核家族となる。ところが、食卓を囲む風景は、日本でいう家族の団らんとはイメージが異なり、たとえば、成人儀礼である割礼を済ませた息子が、父母と食卓を囲むことは滅多にない。これは、文化人類学の用語で「忌避関係（アボイダンス）」と呼ばれるものだが、ギクユ人社会では、隣接世代、とくに息子は父親に対して最大の敬意を払わなければならず、共食を避けるだけでなく、目を見据えて話すこともできない。その隣接世代の緊張した間柄は、程度の差こそあれ、息子と母親や娘と父親の関係などにも見られる。(4)

以上のような社会的慣行の実践は、地域によって大きなばらつきがある。イギリス植民地時代（一八九五〜一九六三年）の急激な都市化にともない、そうした「伝統的」な社会関係の一部が崩壊したともいわれる。つまり、核家族の男性が出稼ぎによって不在となり、父親と息子が顔を合わせる機会が減少したこと、さらに女性世帯の増加によって、男性である長老を中心とする父系出自集団の役割が弱体化したことが、その原因となっている。こうした変化の諸相は、イギリス植民地時代が終わり、人類学者がギクユの村々を訪問できるようになった七〇年代以降の民族誌のなかに詳しく描かれている。

ここで興味深いのは、ギクユ人社会が大きく変容していくなかで、「食」の開発を担う人びとの「伝統」への回帰といった状況が生じていることである。その点については、追って説明することにしよう。

3　穀倉地帯という風景

（1）大農園と小さな菜園

①プランテーション——大農園——

ヨーロッパ人として、初めてケニア中央部を訪れたクラップ宣教師ら一行は、赤道直下のアフリカで、まさか

写真1　ケニア山のピーク（政府広報誌より）

雪山を「発見」するとは思いも寄らなかっただろう。一二もの氷河を頂にたたえるケニア山（標高五一九九メートル）は、険しく堂々とした山容を特徴とする、アフリカ第二の高峰である（写真1）。わたしは、ナイロビからケニア山の方向へ国道を二時間ほど北上した、穀倉地帯にあるギクユの農村へ向かった。この道すがら、ひときわ目を引いたのは、なだらかな丘陵地帯につづくプランテーションであった。その多くは、イスラエル人入植者によるハウス栽培の生花農園、スイス人のコーヒー農園、インド人の野菜農園やアメリカ人のパイナップル農園などで、外国資本のものばかりが目立つ。

旅程をすこし中断して、わたしは、マカダミア・ナッツを栽培するプランテーションを訪れた。そこへ足を踏み入れた瞬間、たちまち時間が逆戻りし、植民地時代の農牧場へ入り込んだような感覚に陥った。それもそのはずである。ここは、ホワイト・ハイランドと呼ばれる白人入植者の農牧場の残存であり、ヨーロッパ人入植者が出ていった後にもアフリカ人農民の手に渡ることなく、外国人の農園経営者に移譲されたものであった。外国人農主は、アフリカ人労働者を安く雇用することで、このところ急成長している園芸農産物を栽培し、その経営を順調に拡大していた。

その代表的な作物として、茶（サーイ）があげられるだろう。ケニア人の一日には、紅茶が欠かせない。もっとも好まれるのは、ミルクティー（チャイ）であり、水で煮出したストロングティーにたっぷりのミルクと砂糖を入れて飲む。初めは甘ったるく感じられたが、疲労回復には効果的である。ナイロビのしゃれた店では、カルダモンやシナモンといった香辛料をふりかけて、スパイスティーとして飲まれる。また、写真2は、ギクユ農村

写真2　婦人会でミルクティーを一緒に飲む

写真3　茶のプランテーション（ケニア中央高地）

写真4　ギクユ人女性による茶摘みの様子

における婦人会の光景だが、こうした人びとが集う状況では、ミルクティーが必須である。会合のホストがミルクティーをカップすれすれのところまで注ぎ、飲み干した途端にお代わりを勧めるのが大切なもてなし方となる。

その茶葉の栽培は、通年の収穫が可能で、安定的な収入を得られる。摘み取った新芽は、近所の製茶工場で同日中に加工が行なわれ、良質のものは中東やヨーロッパへと輸出される。わたしがかつて暮らしたギクユの村では、寒暖の差が激しく雨量が豊富であったため、丘を越えた隣接地域にイギリス資本の茶のプランテーションが広がっていた（写真3、4）。今や、ケニアの紅茶産業は、観光業に次ぐ国内第二位の外貨獲得産業であり、インドとスリランカにつづく世界第三位の輸出高を誇るまでに成長している。

コーヒー（カホア）もまた、ケニアを代表する園芸農産物である（写真5）。ここで生産されるのは、酸味と香りが特徴のアラビカコーヒーであるが、高価なために一般のケニア人には常飲されておらず、もっぱらアメリカやドイツ、日本への輸出用として生産されている。

コーヒーの木は、茶の生産地域より低い、標高およそ一三〇〇メートルから一六〇〇メートルの地域で栽培される。小さな区画で相当量のコーヒー豆を年二回も収穫できることから、多くの人がコーヒーの木を庭先に植えている。しかしながら、コーヒーの生産・輸出は八〇年代をピークに下降の一途をたどった。調査地で出会った村人は、一九八二〜八三年のコーヒー豆の収穫期には

写真5　コーヒー豆の皮を分離する作業

車が買えるほどの値が付いたが、いまは値崩れをして、ひどい状態だとこぼしていた。九〇年代以降は、コーヒー公社と生産者の価格をめぐる争いがエスカレートし、国内の新聞紙面をたびたび賑わせている。

それでも、コーヒー・プランテーションともなると、状況は異なる。敷地内に独自の生産工場を建てて、新しいコーヒーブランドをつくっている外国人経営者もいる。周辺に暮らすアフリカ人季節労働者たちの多くは、そうしたプランテーションへ働きに出かけ、稼いだ賃金で子どもの学費や生活費を捻出していた。ここで話を戻すと、フィールドへ向かう穀倉地帯に広がるプランテーションは、安価な労働力で単一作物をつくる、経済効率の良い農業形態として捉えられるだろう。そこで量産される農作物は、国家にとって大切な外貨獲得商品となる。しかし、こうした経済構造は、自然災害などの影響にはきわめて弱く、先述のように、国民が生きていくうえで重要な食糧の生産がおろそかとなる。こうした経済構造は、「モノカルチャー経済」と呼ばれ、批判の対象とされる所以である。

②シャンバ――小さな菜園――

　プランテーションの見学を終えたわたしは、農園の隅をゆったりと歩く季節労働者の一群を見つけ、そのあとを追って農園のゲートを出た。しばらく行くと、労働者たちが暮らすギクユ人村に到着し、シャンバと呼ばれる小さな菜園に入り込んだ。ところが、そこに植えられた多くの作物は枯れてしまっており、わたしは一瞬にして、先ほどの緑豊かなプランテーションの農園風景から現実に引き戻されたように感じた。

　この一帯は、ケニア山系を水源とする谷川がいくつも流れており、干ばつとは無縁の土地のように思える。しかし、丘陵地の斜面につくられたシャンバ（小さな菜園）は、尾根から下方へ向かって縦割りにつくられているため、谷底の水を引き上げて灌漑することは大変な仕事である。一九九九年、ケニア一帯は干ばつに見舞われており、プランテーションを手伝う人びとの畑はすっかり枯れ果て、とても厳しい現実にさらされていた。

　このようにわたしは、一方で、豊かに実るプランテーションを見渡し、その後背地には、灌漑設備などまったくない、枯れた畑地に囲まれた人びとの生活風景を見ていた。つまり、穀倉地帯といわれる地域のほんの小さな地点に、近代的なインフラを備えた農産地と、過酷な大地の姿があらわとなる乾燥地が併存していたことを意味している。それはもちろん、「持つ者」と「持たざる者」が棲み分けた異なる空間であるともいえるが、同時代に生きる人びとは、そうした異空間を自由に渡り歩いて日々の生活を営んでいる。プランテーションの季節労働者は、誰かがインターネットで調べたコーヒー豆の価格について盛んに議論しながら、自分たちの賃金が少しでも上がればいいと願っている。そして、お金を貯めて携帯電話を購入し、遠く離れた家族や友人とたくさん話をしたいと思っている。たしかにこれらの状況は、いささか不自然な組み合わせではあるものの、開発をめぐる物事を見ていこうとする眼差しのなかには、常に立ち現われてくる現象である。

(2) 大陸の米どころ

ケニア山南麓の丘陵地帯を抜け、こんどは地平線をはるかに臨む水田地帯に到着した。結局、わたしは、この水田地帯に隣接して点在する開拓村に長く暮らすこととなったのだが、水田一本やりの平凡な地勢とは裏腹に、色彩が鮮やかに変化する美しい景観を目撃することとなった。大陸の大海原のように、のびやかに広がる水田の彩りは、一帯に横たわるブラック・コットンという黒色粘土質土とは対照的に、鮮やかに変化していった。たとえば、一年のうちの半分は炭のような黒土であるが、田植えの始まる八月には、水田に張られた水の輝く銀色となった。そして、苗のまだ若い一〇月には淡い黄緑色に、穂の実る一二月には黄金色の実りがゆらめき、収穫の終わった二月には、土を掘り起こした乾いた茶色となった。

ケニアでコメが作られているとは、あまり想像しないだろう。しかし、ケニアにおけるコメ(インディカ米/長粒種)には古い歴史があり、二〇世紀初頭には、ケニア山系からインド洋へ流れ込む国内最大河川のタナ川流域や、白ナイル川の源泉となるビクトリア湖周辺の盆地において、稲作が行なわれていたという(5)(前掲図1参照)。また、ケニア沿岸部に伸びているアラブ系のスワヒリ文化圏では、歴史的に多くのコメが食べられていた。ところが、ケニア山周辺に暮らすギクユ人社会のコメは、トウモロコシやキビ、モロコシに比べると、それほど重要な食べ物ではなかったようである(6)。わたしが調査地で出会ったギクユの老人によると、かつてコメは、成人儀礼や婚姻儀礼の饗宴など、特別なときにしか食する機会はなかったという。三〇代のギクユ人男性もまた、コメは「老人や子どものための柔らかい食べ物」であり、腹にたまらず、野良仕事をする日の食事には適さないのだと話していた。

それでもケニア国内では、コメの手軽さが好まれ、ますます拡大する傾向にある。その代表的な料理といえば、「ピラウ」であろう(第3章扉頁裏「食文化 ミニアルバム」参照)。日本でいうピラフだが、野菜や肉をニンニクで炒めて、粒こしょうやシナモンなどの香辛料を入れ、コメと一緒に炊く。カチュンバリという、レモンで締めたタマネギのサラダと一緒に食べると、さらにおいしい。単に、白ご飯に野菜の炒め物やスープをかけて食べる方法もある。どちらにしても、ケニアの都市人口の増加にともない、調理時間をあまり必要としないコメの需要は高まっているのである。古いデータとなるが、一九八七年のケニアにおけるコメの年間消費量（一人）は、農村部が〇・七キログラムに対して、都市部では一〇・二キログラムと、その差は一五倍近くもあった(7)。

4　「食」の開発と地域社会の営み

(1) 近代的灌漑プロジェクト

ケニア山南麓でコメをつくる人びとの生活は、活気に満ちている。それは、道路脇で活動する女性たちの姿からも、ありありとうかがえよう。彼女たちは、道路脇に小さな出店を構え、売り物のコメを風選してゴミを取り除いたり、まわりの女性たちとお喋りに興じていた。

そうした彼女たちの商魂は、たくましい。一部の人たちは、路上で販売するコメの水増し作戦によって、利ざやを稼ごうとしていた。この水田地帯で多く栽培されているのは、香り高く高級だとされる「バスマティ」というブランドのコメだが、一部の水田では、それとよく似た「シンダノBW」という安価なコメが栽培されている。その違いに目をつけた彼女たちは、両ブランドを混ぜ合わせ、「純粋なバスマティ」としてパッキングし、販売していた。こうした大胆なごまかしは、地元では悪名高いが、車で通りがかった不案内の客は、路上で販売される特産のコメを安易に求めてしまう。道路脇の出店に腰をすえた売り子たちは、小型の乗り合いバスが停車するやいなや一斉に駆け寄り、鈴なりに取り囲みながら、両手に抱えたコメ袋を手早く客の眼の前に突き出していた。

ところで、大地に水をたたえてコメを増産しようとする試みは、「食」の問題に悩むアフリカの緊急課題の一っである。しかしながら、多くの計画は水不足や平坦な地勢、莫大な運営費の調達などといった根本的な問題を解決できずに、初期段階において諦められているのが現状であろう。アフリカには、大規模灌漑が根付かないと一般的に理解されているように、一部の例外（スーダン・ゲジラ地区の灌漑など）を除けば、大型の近代的な灌漑システムはほとんど浸透していない。そうしたなか、この一帯に広がる水田地帯は、珍しく黒字経営を維持した近代的灌漑プロジェクトの一つとして、国内外から注目される農業開発の現場だといえよう。

この「成功」の陰には、外国政府からの多くの援助があり、日本もまた援助国の一つである。日本政府は、一九九一〜一九九八年に四〇名近い専門家と三〇億円以上の無償資金を投入しており、わたしがフィールドワーク中に目にした立派な灌漑設備や穀物倉庫、耕耘機やトラックなどは、日本から与えられたものが多かった。

写真6　日本の援助によって造られた施設の一部

こうしたインフラ整備の支援があった一方、日本援助の目玉は、教育や研究の場を充実させることであった。日本政府が建設した研修施設には、当時、地元の人々が多く訪れ、コメ作りに欠かせない害虫駆除や水管理などの専門的なセミナーが、定期的に開催されていたという。水田のなかに建てられた研修施設は、日本の建設業者が手掛けたホワイトを基調とする近代的な建物である（写真6）。日々、泥水のなかで苦戦する水田の労働者たちにとっては、日本政府が用意した送迎用のマイクロバスで向かう研修施設は、まるで憧れの「白亜の城」のようではなかっただろうか。(8)

(2) ギクユの社会・文化的対応

ではここで、この近代的灌漑プロジェクトが、ギクユの社会や文化、ひいては「食」の単位となる家族のあり方に、どのような影響を与えたのかについて考えてみよう。

同プロジェクトは、ケニア政府とコメの栽培契約を結んだギクユ人入植者たちによって主に支えられている。入植者として選ばれたのは、一～二人の小さな子どもがいる、三〇代のギクユ人男性とその妻という核家族(モシエ)であった。核家族こそ、プロジェクトの中心となるコメ作りの場面において、もっとも「安定的な仕事ができる」家族像として考えられたという[9]。

先述のとおり、ギクユの母村に暮らす人びとは、父系出自集団の緊密な血縁による網の目のなかに置かれており、同時に、隣接世代の忌避関係で表わされる尊敬の念が強調されていた。そうした「伝統」が大きく崩れたのは、イギリス植民地時代であり、都市化にともなう成人男性の流出と村の空洞化がその大きな原因とされている。ところが、近代的灌漑プロジェクトによって核家族の入植が進められたことから、家族の関係が一変したといえる。分散していた家族が再び同居するようになり、隣接世代の緊張した忌避関係が再び見られるようになったのである。その仲介役となるべき祖父母の世代の多くは、母村に残っている。そのため、父と息子の緊張関係はしばしばエスカレートし、争いへと発展してしまうこともあった[10]。一方、「伝統的」な父系出自集団についてはどうだろうか。興味深いことに、核家族の集まる開拓村において擬似的な父系出自集団がつくられ、セルフヘルプ・グループとしての機能をもちはじめた。つまり、開拓村の入植者たちは、先祖をさかのぼって同じ名称をもつ父系の集団に属する人びとを捜しあて、その人びととの間で母村に存在したような助け合いの慣行を踏襲したのである。これらのグループは、とくに自由化と規制緩和が急激に開始され、人びとの経済的な不安が広がっていった九〇年代に結成された。

このように、開発という政治経済的な変化の波は、ギクユ人社会を経済至上主義的な方向へ導いたと同時に、

「伝統」への回帰もしくは「伝統」を利用する動きをも生み出していったといえる。

(3) 脱機械化とコメ作り――内発的な発展をめざして――

わたしの目前に広がる水田地帯は、美しく整頓された農業開発の最先端の地である。ギクユ人入植者たちの仕事は、政府による厳しい管理体制のもとで、支給される化学肥料や殺虫剤、籾だねやトラクターを用いてコメを計画的に生産することであった。入植者たちの仕事により、この水田からは国内流通用のコメの六割以上が産出された。

しかしながら、この美しい水田の後背地には、開発計画とは関係のない水田が一面を覆いつくしていた。九〇年代半ば以降、近所に暮らす青年たちによって作られた、いわば「新しい水田」である。写真7(右)は、「新しい水田」の様子を撮影したものである。この写真を、たとえば開発計画の水田(左)と比較してみた場合、その造りが粗雑な点がわかるだろう。植えられた苗は直線をなさず、畦道も曲がっている。開発計画の水田がトラクターによって整備されているのに対して、「新しい水田」は役牛や手仕事によって代かきや畦ぬりがなされているため、デコボコな造りになってしまっている。

こうした「新しい水田」の脱機械化は、水田の勾配を残してしまうという難点をもつ。けれども、青年たちは各水田を小さく区切ることによって、保水能力を高めようとしていた。また彼らの多くは、化学肥料を使用せずに牛糞やワラによる堆肥を使ったり、日雇い労働者を雇用せずに、現物払いでほかの兄弟などに仕事を頼んだりして、現金支出をなるべく抑えたコメ作りを行なっていた。たとえば、わたしが調査地で出会った、ギクユ人青年ワイナイナ(一九七二年生まれ、既婚)によるコメ作りの実践である。入植者の村に生まれたワイナイナは、村では珍しく大学を出たエリートだったが、希望していた教員としての就職口がなかったためにコメ作りを開始した。

写真7　開発計画の水田(左)と、その後背地にできた「新しい水田」(右)

ワイナイナはさっそく、父親から借金をして一エーカーの土地を借り、三歳年下の弟ムワンギと協力して開田することにした。水田地帯で育った二人にとって、コメ作りは子ども時代から慣れ親しんだ仕事である。けれども、ゼロからの田作りは初めてであったため、二人はまわりから多くの助けを得ていた。

ワイナイナとムワンギはまず、唐鍬（からくわ）を用いて手仕事で整地・開田し、近くを流れる用水路の支流から水を引いた。そして、父親が飼っている役牛に、父の友人から借りた牛犂（うしすき＝牛に引かせる鋤のこと）を取り付けて田を起こし、隣村の知り合いから借りた馬鍬（まぐわ）を用いて代かき作業を行なった。開発計画の水田では、多くの日雇い労働者が働いていたが、ワイナイナには経済的な余裕がないため、妻や妻の妹にも農繁期の田を手伝ってもらった。また彼らは、父親からもらった籾だねを播種して苗を作り、友人から譲り受けた少量の化学肥料、および近隣の田に放置されているワラを泥の下に埋めて、イネの生育に必要な堆肥とした。[11] そして、収穫期を迎えた一九九九年二月、二人は二〇袋のコメを産出。そのうちの六袋を必要経費に充て、一四袋分の純利益を上げることができたという。

このように「新しい水田」の仕事は、それほど悪いものではない。収穫したコメを、米価の高額な時期（九～一一月頃）を狙って放出し、全国から集まる商人を相手に多くの利益を生み出すこともできる。しかし、「新しい水田」の立地はもともと緩やかな丘陵地帯で石も多く、水田としての維持がとても難しい。ワイナイナは、その懸命な仕事ぶりからなんとか赤字経営を免れたが、ワイナイナと同時期に開田した友人の田は、整地の段階で勾配が残ったために保水がうまくいかず、イネが全滅してしまった。結局その友人は、借地料と生産財費の支払いによって、借金だけが残ってしまったのだという。

このワイナイナの実践で見たように、「新しい水田」の担い手たちは、独自のコメ作りを始めていた。そこで特徴的なのは、開発計画の技術と成果を模倣しつつも、高額な農法が一切拒否されていった点であろう。それはある意味、近代農法至上主義的な農業開発とは異なる方向性、もしくは「内発的発展」といった考え方がめざす方向性にあるようにも思える。開発計画の後背地を生活の場とする青年たちは、大きなリスクを背負いながらも、なるべく現金を必要としない「身の丈に合った」農業を開始していた。

5 「現地の人間」中心の開発

アフリカの「食」をめぐる問題は、未だ解決されない。国際社会が投入した莫大な援助資金は、役立っていないのではないかという声もある。確かなのは、アフリカの人びとに「食」を支える開発の実践がどうあるべきか、再考しなければならないときがきていることであろう。

本書でみたように、ケニアの穀倉地帯に創出されたプランテーションや水田地帯は、少なからぬ経済利益を生みだし、現地の人びとに仕事を与えた。そして、肥大化する都市に食糧を供給し、貿易赤字を軽減する役割も果たすことができた。けれども、モノカルチャー経済に傾倒する社会は、異常気象や環境汚染、国際価格の変動など外的な要因に弱いだけでなく、人びとの食生活を支える自給用作物の生産さえも軽視してしまう。開発を支えるアフリカ人農民は、外国人農主や国家の役人、地元のエリートなどをトップとした、上意下達の生産体制の仕組みから簡単に抜け出すことはできない。

こうした問題点を指摘し、人間を中心に据えた開発のあり方を模索しようとする動きは、七〇年代初頭にはすでに見られた。たとえば、経済学者のシューマッハーは、著書『スモール・イズ・ビューティフル』のなかで、開発が大きな経済格差を引き起こして、悲惨な貧困状態を増大させていると警鐘を鳴らした。その解決策として、彼は「援助額の増大」という安易な解決案を真っ向から否定し、開発に重要なのは、人間とその教育、組織、規律であるという人間中心主義の考え方を打ち出していった[12]。この時代には、現地社会に生きる人びとへの配慮なしには開発は成功しないという考え方が明示されていたのである[13]。

シューマッハーが述べた人間中心主義の考え方は、たしかに、開発というものの欠点を浮かび上がらせる。たとえば、わたしが一九九六年に訪問したギクユ人村において、アメリカ主導の母子保健・家族計画プログラム（MCH／FP Program）が展開しており、安価で効果のある避妊注射を普及させることに成功していた。三カ月に一度の接種によって、女性たちの避妊効果が持続するというのである。しかし、米企業のアップジョン社によって開発された避妊薬（デポ・プロヴェラ）は、タイで試験された結果、安全ではないとしてアメリカ国内では人間には使用されていないのだという[14]。実際に、わたしが出会ったギクユ人女性のなかには、同薬を注射しつづけたことによる不正出血や母乳量の減少、不妊症といった副作用を訴える人が少なからずいた[15]。

この例もまた、開発によって生み出された負の遺産といえるだろう。こうしたマイナスの効果に目をつむり、経済成長の継続を絶対視しようとする開発援助実務者や地域住民の暗黙の了解に対して、「ゼロ成長のままで豊かな社会をつくることはできないだろうか」と訴える声も、一方では聞かれる。[16]

もちろん、開発実践をめぐるすべての努力を非難することはできない。わたしがかつて訪ねたことのあるフィリピン中部ルソンの農村では、小さな診療所を立ち上げ、現地住民が運営できる薬局を根づかせた日本人看護師の奮闘ぶりがみられた。ケニアのセントラル州でも、自分が関わった開発プロジェクトの様子が気になり、機会あるごとに同地を私費で訪れている日本人専門家の姿もあった。また、村落開発を進めるために、ザンビアへ向かった青年海外協力隊員は、与えられた環境のなかで試行錯誤し、悩みながらも刻苦していた。[17] こうした一人ひとりの熱意や努力は、人間中心である場合が多く、地元住民の心にさまざまなかたちで伝わっていく。

しかしながら、莫大な援助資金と政治力を兼ねそなえた開発プロジェクトは、「現地の人間」中心の開発とはなりにくい。欧米主導の合理的な経済システムの導入によって、効果が数値として表われにくい、草の根レヴェルの営みは低く評価されてしまうのである。そうした地道な努力を見過ごし、社会文化的な配慮を後まわしにする開発計画は、地域社会に大きな葛藤を生み出してしまう危険性をはらんでいる。そこからも、開発計画の支援者が、人びとの描く未来への展望を具体的に知り、現地社会の可能性を示す諸条件を丹念に調べることは、とても大切な作業である。そうした内からの発展の道筋を見極める手がかりとして、たとえば「新しい水田」に見たような、高額な近代農法を否定した青年たちの営みは無視できないだろう。

わたしたち日本人は、アフリカの「貧しい国」や「恵まれない人びと」に援助することは、「良いこと」だと考えている。たしかに、近年の国際社会の開発をめぐる議論では、アフリカが注目を集めており、当面の課題は先進国の対アフリカＯＤＡ供与額を倍増させることなのだという。[18] こうした行為は、人間の安全保障という観点からも大切な行為であるが、同時にそれは、現地社会の風景を変え、人びとの生活様式を厳しく律する大きな力となっていくことも忘れてはならないだろう。

【読書案内】

岡本真佐子『開発と文化』岩波書店、一九九六
中村尚司『豊かなアジア、貧しい日本──過剰開発から生命系の経済へ』学陽書房、一九八九
ヨハン・ポチエ（山内彰・西川隆訳）『食糧確保の人類学──フードセキュリティー』法政大学出版会、二〇〇三
辻村英之『コーヒーと南北問題──「キリマンジャロ」のフードシステム』日本経済評論社、二〇〇四

【コラム】異文化理解の実践⑤

オートバイの国、ベトナムの即席麺

三谷　悦生

賑やかで活気溢れる町、ホーチーミンの街角に立ったのは一九九一年のはじめであった。長い間のアメリカとの戦争から抜け出して、ようやく経済発展の方向を走り出していた。国はドイモイ政策を推進し、市場経済化の流れに向かっていた。街中では二輪車「ホンダ」が道幅いっぱいに占めていた。ベトナムの市場の朝は早い。そこには働く女性の抑揚のあるベトナム語の会話が溢れていた。話し言葉はとても賑やかであった。

この国の即席麺はどのようなものだろうかと、弊社（エースコック㈱）の調査隊はベトナム市場を歩き、多くのサンプルを収集した。そこには国営の食品企業によって生産された商品群があった。このなかから各社の製品について、価格、デザイン、麺質、風味などについて調査分析を行なった。価格は安く、包装は紙袋入り、麺はお湯だけで戻す食べ方であり、食味はとてもまずく、味もきわめてシンプルなものであった。

一方、ベトナムの食生活は比較的日本に近い。タイなどのように特別に辛い味付けではない。自分自身で好みの味付けとして食べる。調味料にはヌックマム（魚醤）が使われ、香草が多く使われることも特徴である。主食は米であり、多くの種類の米が取り扱われていた。麺の食文化としては米から作った「フォー」「ブン」があり、また小麦粉から作った「ミー」というラーメン類もあった。

「麺の食文化があり、また、即席麺も市場で販売されている」——この事実から、さらに踏み込んで、このベトナムの地でわが社の即席麺の製造技術を駆使して、ベトナムの食文化の向上に貢献できるのではないかと考えた。

その後は合弁会社設立に向けて日本側、ベトナム側と相互に協議を重ね、一九九二年一〇月にようやく合弁契約にこぎつけた。その後も合弁会社設立までには紆余曲折があったが一九九五年六月より、合弁会社として生産開始をはじめた。

写真１　活気あふれるバイクラッシュの道路

写真２　ベトナムの麺といえばこの「PHO(フォー)」

ベトナムでの市場参入については何を売り出すか、これに注力した。これには合弁のスタッフと検討を重ね方針を決めた。結論は当時の「市場にあるレベルの即席麺」ではなく、「高品質高価格」の即席麺を売り出すことになった。麺はほぐれの良い、食べやすいもの、しかも滑らかで食感のよいものとした。同時に、麺は「ラーメン」と小麦粉から作った「フォー」（いわゆる、日本の即席うどん）の二種類の麺とした。スープはベトナム人スタッフによってオーソドックスなチキン味とビーフ味とした。包装材料も高品質にふさわしいようにデザイン、印刷に工夫をこらした。これらの新製品をいよいよ翌七月から販売開始した。これら販売の苦労談は紙面の都合により割愛する。

合弁会社スタッフが決めた新製品の販売は宣伝活動、販売促進などによって順調にベトナム市場に導入されていった。そこにはかつてなかった商品であり、しかも高品質であるということから多くの消費者に理解されていったものである。VIFON-ACECOOK社の製品名「ミー（MI）」、「フォー（PHO）」としてベトナム社会に定着していった。当初の構想が成功したといえるまでとなった。

企業の問題として、安定経営のためには相応の生産販売数量が必要になる。高品質、高価格の即席麺として、多くの消費者の支持は確かに受けた。しかし、これらの商品は消費数量が少ないことが問題であった。企業として、安定と発展のために普及価格帯（低価格帯）の商品の開発と販売が必要となる。そこで、いわゆる即席麺の三要素「安くて、うまくて、量がある」の新製品の開発に取り組むこととなった。麺の仕様、スープ味の種類、包装デザイン、ネーミングなどベトナム人スタッフを中心として総力をあげ、取り組んだ。それは合弁会社のさらなる発展を期してのものであった。

二〇〇〇年九月に普及価格帯の新製品「ハオハオ（Hao Hao）」が完成し、生産・販売を始めた。当初は二種類の味タイプとした。開発スタッフが苦労して仕上げた「Hao Hao」はベトナムの即席麺消費社会を大きく変えることになった。なじみやすいネーミング、ユニークなTV宣伝、それに商品は即席麺三要素を加味したものであったため、消費は急速に伸びていった。なお、デザインに関して一言付記したい事項として、日本国内ではキャラクターとして「子豚」を活用しているが、弊社の海外進出にあたっては「子豚」ではなく、「テイスティキッド（TASTY KID）」を登用。これは海外の「食の世界」を意識したものであり、特に、世界各国へ（イスラーム圏も含む）輸出するうえで必要事項であった。

　その後、販売増とともに、「Hao Hao」の味タイプを増やし、さらに需要層を拡大していき、現在では六種類までとなっている。それぞれの商品を紹介すると、Hao Haoブランドのなかの最初に発売した「ガー

写真3　AV社の高価格商品

写真4　AV社トップブランドのHaoHaoの商品群

写真5　HCM工場の外観

（GA）」。これはオーソドックスなチキン味、「フォンナム（HUONG NAM）」キノコ風味、次いで「サテハン（SA TE HANH）」肉炒めの香り、「トムチュカイ（TOM CHUA CAY）」酸っぱくてエビの香り味、「ボラウトム（BO RAU THOM）」香菜と牛肉の香り、そして、焼きそばである「ミーサオトムハン（MI XAO TOM HANH）」エビとオニオンの風味、といったアイテムである。

これらの発売を機に、消費者要求に従って、合弁会社は増産に次ぐ増産へ一大転換をしていくことになった。まさに、一つのヒット商品が会社を大きく転換させた事例として歴史に残るものとなった。

このほかにも「キムチ（KIM CHI）」（通常のキムチ味）、「ラウタイ（LAU THAI）」（タイ鍋風味）、「ソザック（SO DZACH）」（液体スープを使用した商品）などのなか、高価格帯の商品を開発し、市場へ導入して行った。

これらの商品について、麺製造は日本の技術をフルに活用した。一方、味の嗜好についてはベトナムの人たちに受け入れられるものをという考え方を大事にした。食文化は保守的なものとの認識にもとづいて、ベトナム人スタッフによる試作を繰り返した。そして、嗜好調査などを地道に取り組んだうえで、自信のある商品を新発売していくという社風をつくり上げた。

開発スタッフも、麺チーム、スープチーム、包装チーム、デザイン担当などを編成し、より一層の充実を図った結果といえよう。

販売数量の拡大とともに、商品輸送の問題が浮上した。ベトナムは南北に細長く、最大一六五〇キロメートル（海岸線は三二六〇キロメートル）の距離がある。これらのことから各地に生産拠点をつくる必要に迫られてきた。南部ホーチーミンの生産拠点から、北部ハノイ市近郊のフンイン県、南部ビンユン県に、そして、中部ダナン市に、また北部の販売増からバクニン県にも工場をといった具合に生産拠点を増やしていった。現在では五工場（二〇〇六年一二月から六工場稼動）でフル生産が続いている状況である。参考までに弊社のベトナム子会社の市場シェアは、地方のメーカーも含め三十数社あるなかで六〇％に達していると推定している。

二〇〇五年七月には創業一〇周年の記念行事を開催し、ベトナムの外資企業としてベトナム社会で大きく貢献してきたことを発表する機会を得た。

これらの発展を支えてきたものとして、「品質第一」という会社理念が認証されたことにほかならないと考えている。それはベトナム社会で品質優秀企業に与えられる「高品質商品ベスト5」に七年連続して表彰されていることの証明でもあるといえる。このほかに、優秀外資系企業に与えられる「GOLDEN DRAGON賞」、また、中央政府からも「労働勲章三等級」も受賞している。

今、VINA ACECOOK（ACECOOK VIETNAM社の愛称）とHao Haoの名前はベトナム社会でメジャーとして認識されている。

草の根援助に異文化理解がどのように必要か

窪崎　喜方

現在、私は日本の大学院に籍をおきながら在フィジー日本国大使館で、南太平洋諸国の「草の根・人間の安全保障無償資金協力」の調査にあたる草の根調査員という仕事をしている。一般にはあまり聞きなれないかもしれない「草の根・人間の安全保障無償資金協力」であるが、現地では「グラスルーツ・エイド」として広く知られており、非常に大きな外交成果を上げている。

「草の根・人間の安全保障無償資金協力」は、日本政府の政府開発援助（ODA）のスキームのひとつである。政府開発援助には一般プロジェクト無償、ノン・プロジェクト無償など多様なスキームがあり、これらは主に、政府間同士の資金が大規模な援助となっている。一方「草の根・人間の安全保障無償資金協力」は、資金の規模は小さくなるものの、草の根レベルの多様なニーズに的確かつ迅速に対応する、いわゆる「足の速い」援助をめざし、一九八九年に創設された。

この援助は開発途上国の地方公共団体、教育・医療機関および開発途上国において活動しているNGO（非政府団体）などが実施する比較的小規模なプロジェクトに対し、各々の国の諸事情に精通している日本の在外公館が中心となって資金協力を行なうものである。草の根レベルに直接裨益（ひえき＝役に立つ）する、きめ細かい援助として、各方面から高い評価を得ている。

審査や決定は、まず日本の在外公館に対し草の根レベルからさまざまな援助の要請がくるところから始まる。在外公館は要請団体の適格性、要請プロジェクトの内容、規模、援助効果、実施した場合の外交的な効果などについて検討を行ない、実施候補案件を選定する。その後、外務省本省において案件実施が承認される。

「草の根調査員」は、この援助の調査が主な仕事になっている。フィジーの場合、年間数百件という要請が大使館にやってくるが、このうち援助の対象として見込みがあるな、というものについて大使館内でよく検討したうえ、私たち調査員が現地に飛ぶ。フィジーは大小あわせて三〇〇以上の島々が集まってできてい

写真1　フィジー・オヴァラウ島レヴカの護岸工事

写真2　草の根援助で建てられたフィジーの小学校

る国である。南太平洋のなかでは比較的インフラが整っているとはいえ、日本とは比べ物にならない。援助の要請が多くあがってくる僻地となると、週一便飛行機が飛んでいれば幸運なほうで、スケジュールがころころ変わる定期船を使ったり、現地の漁師さんの小さなボートに乗り込んで波で全身ずぶ濡れになったりしながら調査に行くことも珍しくない。大雨でぬかるみ、バスが途中スタックして動けなくなっているようなガタガタの未舗装路をレンタカーで三時間走った後、くるぶしまで泥につかる山道を調査地まで二時間歩いたとか、そんなエピソードは枚挙にいとまがない。

しかし、たとえこんな苦労をしても、大切なのはやはり現地を実際に見ることである。伝え聞いていた情報と、現地で見たり聞いたり感じたりして得る情報とでは雲泥の差がある。その調査資料を再び大使館内で十分に検討し、実施候補案件を選定していくのである。

本書は食がテーマなので、草の根援助と食とのかかわりについてふれておこう。

私たちは調査に行く際、ほとんどの場合アポイントなしで訪問を行なっている。これは、一つにはその日だけの取り繕った形ではない、普段の姿をできるだけ調査したいためであるが、一方、大歓迎を受けないためでもある。南太平洋では慣習的に、援助調査のような公的な団体がやって来るとなると、セレモニーと祝宴が待っている。村によっては貴重な豚をつぶし、ロヴォと呼ばれる穴を掘り、その中で焼いた石で蒸した料理を作って待ってくれたりする。そこには南太平洋でのもてなしの考え方に対する不文律があるのであるが、その文化に敬意を払いつつ、かつ彼らのコードに引っかかってしまわないようにするためにはどうしたらいいか考えた末、調査地に〝突然現れる〟ことにしている（「突然来たからもてなせなくてごめんね」とだいたい先方から謝られるが、その程度ですむ）。

調査は援助の決定ではないので、現地側に経済的負担をかけたくないという理由や、日に四つ、五つと調査に回る場合、現実そんなに食べられないという物理的な問題もある。しかし万が一、どこからか情報が漏れて祝宴が待っていたらどうするか、そのときは腹を括ってお腹いっぱい食べる。たとえ、あと三つ四つ祝宴が待っていることがわかっていても食べる。お腹いっぱい食べるということが南太平洋での不文律であり、食べるのを控えるのは逆に礼を逸することになり、調査に支障をきたすからである。

フィジーでは食糧援助の必要はないが、それでも援助するには現地の食習慣をよく知っている必要があり、実はこのような接点がある。今までのさまざまな経験を踏まえ、本題のテーマでもある異文化理解の必要性

写真3　南太平洋のツバルの祝宴料理（魚介類は石蒸し料理）

について、草の根援助を進めていくうえで次のようなことがいえるのではないかと思う。

フィジーにおいてフィジー人の容貌や伝統的な服装、人当たりのよい性格や住まい方などわかりやすい違いは非常にとらえやすい。一方、世界のグローバル化が進むなか、フィジー人の受容している情報量は日本人のそれと同等だったりする。むしろ英語を第二共通語として使っているぶん、日本人を上回っている部分があるかもしれない。どんな辺鄙なところへ調査に入っても、最新のハリウッド映画のＤＶＤやＵＫチャートの最新ＣＤ（両方とも違法コピーだったりするが）があったりする。もう少しお金がある地域だと、電話回線がなくても衛星アンテナを立て、衛星放送でＢＢＣやＣＮＮを受信できたり、インターネットを使えたりする。

しかし、容貌のような目に見えるわかりやすい異質性、地域格差も乗り越えてしまう情報量の同質性だけでは見えてこないものがある。異文化の基底にあるもの、そこにある目に見えないシステムをどう掬い上げ汲み取るかが、実は本当に必要なことである。それはある瞬間突然湧き上がってくる、それぞれの世界・地域・人々の、身体に沁みついた澱のようなものといえるのかもしれない。それはある時には無視してはいけないルールであったり、不文律であったりする。その突然の異質性、私たちと異なる文化の差異は唐突に現われるがゆえに（異文化側としては普通のことをやっているだけなのだが）、しばしば私たちを驚かせる。それに敬意をもって接すること、それこそがまさに異文化理解の出発点である。これを無視したり、自分たちの基準だけでルール決めをしたりしても、真の異文化理解、そして真に必要とされる草の根援助にはなりえない。

異文化にある目に見えないシステムを注意深く読み解き、互いのルールのなかに上手に溶かし込むこと、これが草の根援助を行なううえで欠くことのできない重要な鍵であろうし、さらなる研究の課題となるのではないだろうか。

あとがき

近年、世界的に食研究への関心が高まっている。序章でもふれたワトソンとカルドウェルは、編集した論集の序文を、「一九九〇年代から、英語圏では、食の研究は知的ディスコース（談話・論述・語り）の周縁から中心へシフトしてきた」（Watson and Caldwell eds., 2005 本書序章の〔注18〕参照）という書き出しで始めている。アメリカ合衆国では、食研究は、今や栄養学や広告の分野に限らず、文化人類学、社会学、歴史学、ビジネスなど、どの領域においてもそれぞれの下位分野と認められるようになってきており、しかも食をテーマとした開設科目は、どれも人気があるという。

同様の意見は、ワトソンとカルドウェルの同書に限らず、しばしば目にするようになってきている。たとえば、イギリスの地理学者のアトキンスとボウラーは、著書 "Food in Society"（Atkins and Bowler 2001 本書の序章〔注6〕参照）の序文で、食研究、特に食の消費に関する研究がアングロ・アメリカ社会で相対的に軽視されてきた理由を、他の研究者の見解を参考にしながら、①食はあまりにも当たり前すぎて、知的な驚きやエキゾチックな関心の対象とはなりにくかった、②従来、男性の研究者が多くて学問体系が男性中心に組み立てられてきたために、女性の関心事とみなされてきた食は学問的対象となりにくい状況があった、③フランス、ドイツ、イタリアに比べても、アングロ・アメリカ系文化は料理文化への関心が薄かった、という三つに求めている。現在、そのような制約がなくなりつつあることが近年の食研究への関心の高まりの背景にある、というのがアトキンスとボウラーの見解である。

アメリカでは、すでに一九八七年に「食と社会研究学会」が設立され、組織的に研究活動が行なわれている。そのような動向を社会状況と時代背景から考えてみると、明らかに、グローバル化により伝統と現代、自然と文化、身体・社会・文化のハイブリッド化と断片化が進行し、従来の学問領域の区分と客観主義的科学観では捉えきれなくなったポストモダン的状況への対応がある。近年、同様に関心が大きくなりつつある医療と健康、環境、景観などのテーマが、いずれも身体と生命にかかわる問題であることからも推測できるように、食研究への関心も、現代世界における人間の「生存」そのものへの問いかけと新たな学問的パラダイムへの転換の必要性から生じた、より広い学問的流れの一部であるように筆者には思われる。食は、宗教、政治、経済、医療といった既成の縦割りの学問的区分に捉われず、むしろそれらのいずれとも関わり、身体と生命を基軸として人文・社会・自然科学がオーバーラップする、総合的・横断的なテーマである。

いずれにせよ、多様性を持ちながらも日々の暮らしにおいて生きるために食べ、食べるために生きている現実は、文化の差を越えて今も昔も変わらない。それぞれの国・民族の社会文化的背景を知ることは、異文化に対する親しみと理解を深め、相互の交流を促すことになる。文化人類学を含む「人間の科学」がその原点を忘れ、食研究そのものを軽視するとしたら、人間文化の理解の根底を見失うことになると言わなければならない。本書が、この問題へのより大きな関心を喚起する契機の一つとなることがあれば幸いである。

本書を編集するにあたり大勢の方々のお世話になった。まず、本書の各執筆者には、編者の目的や意図に沿うよう度々ご無理をお願いしたにもかかわらず快くご協力いただいた。そのため、「読書案内」や写真の選定に関しても、編者の意向が反映されている。したがって、いうまでもないことではあるが、本書の最終的な責任は編者にあることをお断りしておきたい。執筆者以外にも、京都文教大学助教授の奥野克己氏、(株)エースコック海外事業部の梶原伸介氏、アメリカ合衆国在住のミドルスクール教員ビル・エザード(Bill Ezzard)氏からは、貴重な写真を提供していただいた。さらに、国立民族博物館教授の朝倉敏夫氏とエースコック総本部長の植杉壮一氏には、編集を進めるにあたってご協力いただいた。

本書では、「テーマ研究と実践」という副題がつけられている。筆者の勤務する大学の国際文化学部の一専攻では、留学生が比較的多いこともあり、日本人学生との相互理解の一環として、他の担当教員（中川慶子、笹田利光、山本紀世子）とともに学生指導のための共同調査を行なった。私費留学生にとって、住み込みのフィールドワークでは短期の滞在費さえ負担となる。そこで、距離的に比較的近い、神戸中華街（南京町）を含む華人社会と大阪市生野区のコリアタウンに的を絞り、文献研究、現地に詳しい方の大学での講演会、現地での視察やアンケート調査、現地での「インフォーマント（情報提供者）」による講演と質問会などを行なった。食のテーマは、その共同調査のための大きな手がかりの一つであった。この共同調査はすでに終了したが、その成果の一部は学生自身により報告書にまとめられた。このような経験が、部分的ながら本書を編集するに際して反映されている。

他方、本書の編集の必要性は、雑誌『灯台』（「特集・世界の子どもの食卓」No.496、第三文明社、二〇〇二年）からの取材、大日本印刷の文化事業「銀座の学校」での食とコミュニケーションに関するトーク・ショー（DVD版『鍋をつついて深〜い仲』トランスアート、二〇〇五年）など、多方面から「食からの異文化理解」について考える機会を与えていただいたこともあり漠然と考えていた。本書出版の直接のきっかけは、『子どもと健康』（労働教育センター）への寄稿（「食を通して異文化を知る」No.72、「『いのち』を実感するとき」No.74、二〇〇三年）を、同誌編集を担当されているオフィス2の阿部進氏と久保田久代氏から依頼されたことにある。両氏には本書の実質的な編集にも取り組んでいただいた。本書を刊行できたのは、お二人との出会いと、出版を引き受けていただいた時潮社の相良景行氏のおかげである。最後になったが、ここで心から御礼申し上げたい。

二〇〇六年九月

河合　利光

食からの異文化理解
―テーマ研究と実践

2006年11月30日　第1版第1刷

定　　価＝2300円＋税

編著者　河　合　利　光　©

企画編集　オ　フ　ィ　ス　2

発行人　相　良　景　行

発行所　㈲　時　潮　社

174-0063 東京都板橋区前野町 4－62－15

電 話 (03) 5915－9046

FAX (03) 5970－4030

郵便振替　00190－7－741179　時潮社

URL http://www.jichosha.jp

E-mail kikaku@jichosha.jp

印刷所　㈲　時　潮　社

製本所　㈲　武　蔵　製　本

乱丁本・落丁本はお取り替えします。

ISBN4-7888-0611-8

石井洋子（いしい　ようこ）
東京外国語大学アジア・アフリカ言語文化研究所研究機関研究員。博士（社会人類学)。著書：『開発フロンティアの民族誌』御茶の水書房2007（予定)、論文：「誰のための開発か？—対アフリカ援助をめぐるポリティクス」『国際開発学研究』 5巻2号　勁草書房2006、「開発フロンティアの人類学——脱国営化をめぐるギクユ人入植社会の再編」『民俗学研究』68巻3号、2003、他。

－コラム担当者－
川原﨑淑子（かわらさき　よしこ）
園田学園女子大学短期大学部教授。著書：『園田・調理実習テキスト』(共著）1993、『生活文化の調理実習』(共著）1996、論文：「関西のうす味うす色食文化の形成とうすくち醤油の利用に関する研究」(共著)『日本調理科学会誌』37-21-34、2004、他。

吉本康子（よしもと　やすこ）
神戸大学国際文化学部異文化研究交流センター学術推進研究員。博士（学術)。著書：『講座世界の先住民族—ファースト・ピープルの現在』第2巻（共著）明石書店2005、論文：「バニの生活集団とラムワンについて」ベトナム社会文化研究会編『ベトナムの社会と文化』第2号 風響社2001、他。

金　昌代（きむ　ちゃんで）
大阪市立加美小学校民族学級担当講師

陳　來幸（ちん　らいこう）
兵庫県立大学経済学部教授。博士（文学)。著書：『虞洽卿について』京都大学人文科学研究所共同研究報告「五四運動の研究」第2巻第5分冊　同朋舎1988、『華人社会がわかる本』(共著）明石書店2005、『落地生根—神戸華僑と神阪中華会館の百年』(共著）研文出版舎2000、他。

三谷悦生（みたに　えつお）
エースコック株式会社海外事業部副参事

窪崎喜方（くぼさき　よしかた）
九州大学大学院芸術工学府博士後期課程在籍。現在フィジー大使館草の根調査員。論文：『建築に関するコンセプトモデルの生成とその役割』修士論文、1992年度。

【執筆者紹介】

－編者－

河合利光（かわい　としみつ）

東京都立大学大学院社会科学研究科博士課程修了。博士（社会人類学）。現在：園田学園女子大学国際文化学部教授。著書：『身体と形象』風響社2001、『生活文化論』（編著）建帛社1995、『比較食文化論』（編著）建帛社2000、『オセアニアの現在―持続と変容の民族誌』（編著）人文書院2002、他。

－テーマ研究分担執筆者－

清水芳見（しみず　よしみ）

中央大学総合政策学部教授。博士（社会人類学）。著書：『アラブ・イスラムの日常生活―ヨルダン村落滞在記』講談社1992、『文化人類学講義―文化と政策を考える』（共編著）八千代出版1999、『イスラームを知ろう』岩波書店2003、『イスラーム世界』（共編著）岩波書店2004、『世界の宗教３　イスラム教』（監修）ポプラ社2005、他。

林　史樹（はやし　ふみき）

神田外国語大学外国部学部講師。博士（文学）。著書：『韓国にある薬草商人のライフヒストリー―「移動」に生きる人々からみた社会変化』御茶の水書房2004、論文：「変化する韓国華僑の‘まなざし’」『韓国朝鮮の文化と社会』３号、2004、「増殖する‘韓人’－朝鮮系移民はどこに帰属するのか？」『神田外語大学紀要』vol.18、他。

阿良田麻里子（あらた　まりこ）

国立民族学博物館外来研究員。園田学園女子大学シニア専修コース・相愛女子短期大学非常勤講師。博士（文学）。著書：『くらべてみよう！世界の食べ物』（共著）講談社2004、他。

荒川正也（あらかわ　まさや）

流通科学大学サービス産業学部助教授。著書：『比較食文化論』（共著）建帛社2000、論文：「「アメリカ」における「メキシコ」と「メキシコ」における「アメリカ」」『流通科学と市場の対話―白石義章教授退任記念論文集』中内学園流通科学大学2004、「ニューヨークはラティノ名執筆者を欲しなかった」『流通科学大学論集・経営編』第15巻第１号 2002、他。

髙　正子（こう　ちょんじゃ）

国立民族学博物館外来研究員、神戸大学・大阪教育大学非常勤講師。博士（文学）。訳書：『グローバル化時代の人権を展望する』（金仲燮・友永健三著）部落解放人権研究所2004、『オンマの白いチョゴリ』（権正生著）海風社1992、論文：「白丁（ベクチョン）と呼ばれた人たち―朝鮮の被差別民」『歴史の中のサンカ・被差別民』別冊歴史読本87 新人物往来社2004、他。

浜口　尚（はまぐち　ひさし）

園田学園女子大学短期大学部助教授。著書：『捕鯨文化論入門』サイテック2002、論文："Use and Management of Humback Whales in Bequia, St. Vincent and the Granadines", In N. Kishigami and J. M. Sovelle eds., *Indigenous Use and Management of Marine Resources, Senri Ethnological Studies*, vol.67, 2005、他。

【注・引用文献】

【序章】

(1) たまたま目にした事例であるが、福田恵一「遠足でアジア料理店を食べ歩き！」『食農教育』No.41. 5月号、2005など。

(2) たとえば、経済学では、関満博『現場主義の知的生産法』中公新書、2002。心理学・教育学では箕浦康子『フィールドワークの技法と実際』ミネルヴァ書房、1999などがある。各人文・社会科学の取り組みについては須藤健一編『フィールドワークを歩く―文系研究者の知識と経験』嵯峨野書院、1996など。なお、小中学校向け総合学習の試みについては、東京学芸大学教授科学研究会『総合学習「にんげん科」のカリキュラム開発―食で学ぶ命・環境・異文化・生き方』明治図書、2000を参照されたい。

(3) キャロル・アダムズ『肉食という性の政治学』(鶴田静訳) 新宿書房、1994、原典1990。

(4) C.レヴィ=ストロース「料理の三角形」(西江雅之訳)『レヴィ=ストロースの世界』(アルク誌編) みすず書房、1968, 原典1965。Mary Douglass, 1972, Deciphering a Meal. *In Implicit Meanings: Essays in Anthropology*. London: Routledge & Kegan Paul 他。

(5) E. N. Anderson,2005, *Everyone Eats: Understanding Food and Culture*. New York and London: New York University press.

(6) Peter Atkins & Ian Bowler, 2001, *Food in Society: Economy, Culture, Geography*. London : Arnold. ポリティカル・エコノミーと食糧体制については、次の文献を参照。
H. Friedmann, 2002, The International Political Economy of Food: A Global Crisis. In C.M. Counihan ed., *Food in the USA*. New York and London: Routledge.

(7) I.ウォーラーステイン『近代世界システム―農業資本主義と「ヨーロッパ世界経済」の成立』(川北稔訳) 岩波現代選書、1981他、原典1976。

(8) シドニー・ミンツ『甘さと権力』(川北稔・和田光弘訳) 平凡社、1988、原典1985。

(9) J. ワトソン『マクドナルドはグローバル化か』(前川・竹内・阿部訳) 新曜社、2003、原典1997。G. リッツア『マクドナルド化する社会』(正岡寛司監訳) 早稲田大学出版部、1999、原典初版1993。E. シュローサー『ファストフードが世界を食いつくす』(楡井浩一訳) 草思社、2001、原典2001。

(10)「朝日新聞」2006年1月1日。

(11) ソフト・パワーについては、青木保『多文化世界』岩波新書 (2003) に詳しい。

(12) B. Finn and J. Wright, 1996, *Consumption in the Age of Affluence: The World of Food*. London: Routledge., cf. P. Atkins & I. Bowler, 2001, Food in Society: *Economy, Culture and Geography*. New York: Arnold, p.13

(13) 加藤裕子『食べるアメリカ人』大修館書店、2003、52頁。

(14) T. C. Bestor, 2004, *Tsukiji: Fish Market at the Center of the World*. California: University of California Press.

(15) T. C. Bestor, 同書 p.25

(16) C.A. Bryant et al, 1985, *The Cultural Feast: An Introduction to Food and Society*. New York: West Pub. Co., pp.31-38

(17) 鶴見良行『バナナと日本人―フィリピン農園と食卓のあいだ』岩波新書、1982。

(18) J. I. Watson and M. I. Caldwell eds., 2005, *The Cultural Politics and Eating: A Reader*. Oxford: Blackwell.

(19) W. Belaso, 2005, The Food and the Counterculture: A Story of Bread and Politics. In I. Watson and M I. Caldwell eds., *The Cultural Politics and Eating: A Reader*. Oxford: Blackwell. C A.Bryant et al, 1985, *The Cultural Feast: An Introduction to Food and Society*.

【注・引用文献】

New York: West Pub. Co., pp. 243-330

【第１章テーマ１】

（１）ヨルダンにおける長期の調査は、1986年１月から1988年４月までで、その後、1992年の７～８月と2004年の７～８月に、短期の調査を行なった。一方、ブルネイでの長期の調査は、2000年４月から2001年３月までで、その後、2001年８月、2004年８～９月、2005年９月に、短期の調査を実施している。

（２）*Facts About Jordan: People, Land and Climate*（1992, Amman: Ministry of Information）によると、ヨルダンは総人口の95％強がムスリムである（95％弱がスンニー派、１％弱がシーア派に属する）。ブルネイについては、1991年の統計（*Brunei Darussalam Statistical Yearbook* , 1999, Bandar Seri Begawan: Ministry of Finance）で、総人口の約67％がムスリムであるが、ブルネイ国籍所有者にかぎって見ると、ムスリムの割合はさらに高く、一般に総人口の80％近くを占めるといわれている。なお、この統計に宗派は記されていないが、ブルネイの1959年憲法に、法学的に、スンニー派四大法学派の一つであるシャーフィイー学派に従う旨が記されていることから、ムスリムのほとんどはスンニー派に属することがわかる。ちなみに、ヨルダンでも、法学的にはシャーフィイー学派が主流派である。

（３）『世界各国史６　東南アジアⅡ島嶼部』（池端雪浦編）、山川出版社、1999、110頁によると、ブルネイへのイスラームの伝播は、一般に16世紀といわれているが、ブルネイ人研究者のなかには15世紀以前とする者もあり（Hj.Mohd. Jamil Al-Sufri, 1977, Islam in Brunei. *The Brunei Museum Journal*, 4 (1) , Kota Batu: The Brunei Museum)、ブルネイ政府の見解でも、同国のイスラーム期最初のスルタンであるムハンマド・シャー（Muhammad Shah）の在位は、1363年から1402年となっている（*Borneo Bulletin Brunei Yearbook,* 2000, Bandar Seri Begawan: Brunei Press)。

（４）ここでいう「イスラーム世界」とは、アラブ世界のように地理的なつながりをもったアラブの国々が集まってできている世界とは異なり、全世界で生活しているムスリムの、ネットワークによって形成されている世界をさす。したがって、ムスリムがいて、生活しているところは、すべてイスラーム世界の一部ということになる。なお、「ムスリム社会」は、「社会」と呼ぶことができるほど、そうしたムスリムたちの生活空間の規模が大きなところを意味する。

（５）Azaraimy H. Hasib, 2001, Converts to Islam Rise. *Borneo Bulletin*（ブルネイの日刊紙、３月30日), Bandar Seri Begawan.

（６）本稿でのクルアーンの引用は、すべて井筒俊彦訳による（『コーラン』（改訂版、全３巻）岩波文庫、1964)。

（７）Muhammad Umar Chand, 2001 (1995), *Halal & Haram: The Prohibited & the Permitted Foods & Drinks According to Jewish, Christian & Muslim Scriptures,* Kuala Lumpur： A. S. Noordeen, p.65

（８）とんじ＋けんじ『トン考　ヒトとブタをめぐる愛憎の文化史』アートダイジェスト、2001、152頁。

（９）ポール・フィールドハウス『食と栄養の文化人類学』（和仁皓明訳）、中央法規、1991、原典1986、110頁。

(10) マーヴィン・ハリス『食と文化の謎』（板橋作美訳）、岩波書店、1988、原典1985、第３章。

(11) Mary Douglas, 1966, *Purity and Danger: An Analysis of the Concepts of Pollution and Taboo,* London: Routledge & Kegan Paul, 第３章。

(12) イスラームの主要な宗派については拙著『イスラームを知ろう』岩波ジュニア新書、2003、32～34頁を、法学派については『岩波イスラーム辞典』（大塚和夫他編）、岩波書店、2002、884～885頁を参照。

(13) Juan Eduardo Campo, 1995, Dietary Rules. *The Oxford Encyclopedia of the Modern Islamic World,* vol.I, New York: Oxford University Press.

(14) 黒田壽郎編『イスラーム辞典』東京堂出版、1983、 184頁。

(15) 黒田壽郎編『イスラーム辞典』東京堂出版、1983、 209頁。

(16) この村の詳細については、拙著『アラブ・ムスリムの日常生活　ヨルダン村落滞在記』、講談社現代新書、1992を参照。なお、クフル・ユーバーは、2002年に周辺の９村と合併して、イルビド西市の一部（イルビド西市クフル・ユーバー地区）となった。また、この村の人々の動物観に関する調査の成果は、拙稿「アラブ・ムスリムの動物観―ヨルダン北部一村落の事例を中心に－」『人文学報』第251号、東京都立大学人文学部、1994にまとめた。

(17) この村では、同じ語根のアラビア語であるムハッラム（muḥarram）が用いられることもある。

(18) 本多勝一は、『アラビア遊牧民』講談社文庫、1972（1966）のなかで、彼が調査したアラビア半島のベドウィンが、ダブと呼ばれるアガマ属のトカゲを食べると報告している。

(19)～(21) Thomas Patrick Hughes, n.d.(1895), *A Dictionary of Islam,* Dubuque: Wm. C. Brown Reprint Library, pp.57-58

(22) ハラームの場合と同様、同じ語根のムハッラル（muḥallal）という言葉が用いられることもある。

(23) 彼自身はハイエナを見たことはないというが、現在でもヨルダンにはこの動物が棲息しているところがある。クフル・ユーバーにもかつては出没したことがあり、彼の父親は見たことがあるという。

(24)～(26) Thomas Patrick Hughes, n.d.(1895), *A Dictionary of Islam,* Dubuque: Wm. C. Brown Reprint Library, p.58

(27) ブドウやナツメヤシなどからつくられる、アルコール度数の高い蒸留酒。無色だが、水を入れると白濁する。

(28) この村がどのようなところであるかについては、拙稿「ブルネイにおける聖者信仰の現状―マレー・ムスリム村落での調査から―」『民族学研究』第66巻４号、日本民族学会、2002を参照。

(29) 1999年の統計（*Brunei Darussalam Statistical Yearbook*, 1999, Bandar Seri Begawan: Ministry of Finance）で、総人口に占める華人の割合は、約15パーセントとなっている。

(30) この事件の詳細については、小林寧子「インドネシアの『味の素』騒動の顛末」『イスラム世界』第57号、日本イスラム協会、2001、を参照。本稿におけるこの事件に関する記述も、主としてこの論文に依っている。

(31) 拙著『イスラームを知ろう』岩波ジュニア新書、2003、９～10頁。

【第１章テーマ２】

(１) C.レヴィ＝ストロース「料理の三角形」（西江雅之訳）『レヴィ＝ストロースの世界』（アルク誌編）みすず書房、1968、原典1967。

(２) 國廣哲彌『意味の諸相』三省堂、1970、A. Lehrer, 1972, Cooking Vocabularies and the Culinary Triangle of Lévi-Strauss. *Anthropological Linguistics,* 14-5.pp 155-171., A. Lehrer, 1974, *Semantic Fields and Lexical Structure.* New York: American Elsevier., A. F. Harrison, 1983, Making Sense of Cuisine: From Culinary Triangle to Pyramid Using Lehrer's Tetrahedron as a Stepping Stone. *Anthropological Linguistics,* 25(2).pp. 189-210 他。

(３) 本稿では、素材に手を加えて飲食するばかりになったものを「料理」と呼び、その状態にするために素材に手を加えることを「調理」と呼ぶ。

(４) 本稿は、筆者の博士論文『インドネシア・スンダの食文化―言語人類学的観点から』（総合研究大学院大学）の第２章の一部を大幅に改稿したものである。詳細は博士論文を参照されたい。

【注・引用文献】

（5）ハルソヨ「スンダの文化」（土屋健治訳）『インドネシアの諸民族と文化』（クンチャラニングラット編）めこん、1980、原典1971。渡辺敦「食事の提供・獲得をめぐる社会関係：インドネシア、西ジャワ州南バンテンの村落から」『東南アジア研究』29（4）、1992など。

（6）調査許可番号1660/I/KS/1999、2045/II/KS/2000、2045/II/KS/2001、4825/II/KS/2001。

（7）インドネシア語やスンダ語では、1日は夜に始まるので、火曜日の前夜のことを「火曜の夜」と呼ぶ。

（8）ここでは各調理法の典型的な道具立てにしたがって記述する。実際には伝統的な方法でも道具だけは新しい道具を使うこともあるし、簡略化した方法でも昔ながらの道具を使うこともある。

（9）当時調査村で炊飯器を使用している家庭はなかったが、都市部の富裕層の間ではガスや電気の自動炊飯器が用いられていた。いくつかのタイプがあるが、韓国や日本製の高級な輸入品は炊き干し法を前提としている。

（10）スンダ語にはサラダを総称する語彙はない。しかし、献立をたてる際、このうち一種類があれば他を作ることはなく、ウラブがあるからララブはなくてもいいといった発言が聞かれることから、これらの料理が献立の中で同様な機能をもつものとしてカテゴリー化されているということが推測できる。

（11）ウィトゲンシュタイン『哲学探究』（藤本隆志訳）大修館書店、1984、原典1953。

（12）スンダ語には「食べる」という意味の動詞が数多くあり、動作する主体の種類や敬語のレベルによって使い分けられる。ここでとりあげたンガダハルとヌアンは、中でも最も一般的に成人の動作について用いられる語である。

（13）J. Haiman, 1980, Dictionaries and Encyclopedias. *Lingua*, 50, pp.329-357. J.R.テイラー『認知言語学のための14章』（辻幸夫訳）紀伊國屋書店、1996、原典1989 他。

【第2章テーマ1】

（1）G.リッツア『マクドナルド化する社会』（正岡寛司訳）早稲田大学出版部、1999、原典1996。

（2）J.ワトソン編『マクドナルドはグローバルか』（前川啓治ほか訳）新曜社、2003、原典1997。前川啓治『グローカリゼーションの人類学』新曜社、2004。

（3）本稿は拙稿の2編、「外来食の‘現地化’過程：韓国における中華料理」『アジア遊学』77、勉誠出版、2005、56-69頁と、「海外移民にともなう‘韓国式中華料理’のグローバル化」『アジア遊学』77、勉誠出版、2005、168-175頁、をもとに大幅な加筆修正を施したものである。

（4）日本食のグローバル化に関しては、石毛直道等『ロスアンジェルスの日本料理店』（ドメス出版、1985）、味の素食の文化センター『VESTA』（39号）（2000「国境を越えた日本食」）、千里文化財団『季刊民族学』（114号）（2005年「日本料理を食べるひと」）、日本食にかぎらなければ、『世界の食文化』シリーズ20巻（刊行中）、『VESTA』（59号）（2005年「旅する料理文化」）がある。日本に定着した外来食文化については、石毛直道・熊倉功夫編『外来の食の文化』（ドメス出版、1988）、熊倉功夫編『日本の食事文化』（農山漁村文化協会、1999）などがある。その他、トンカツ（岡田哲『とんかつの誕生』講談社、2000）やカレーライス（森枝卓士『カレーライスと日本人』講談社、1989）はいうまでもなく、文化誌の方面で数え切れないほどの成果が出されている。

（5）芹澤知広が先の『季刊民族学』（2005）のなかで、「香港の熊本ラーメン」についてエッセイを書いていたり、園田茂人が台湾に進駐したラーメンについて研究報告を松下国際財団（2003年、「東アジアのエスニック料理店：その担い手とメニュー形成に関する比較社会学的研究」助成番号01-063）に出しているのがそれに近い。

（6）韓国・朝鮮の食が越境したものについては、宮塚利雄『日本焼肉物語』（太田出版、1999）や佐々木道雄『焼肉の文化史』（明石書店、2004）、韓国料理全般についてであるが、鄭大聲『焼き肉は好きですか？』（新潮社、2001）など、日本での現地化については焼肉を中心に多数文

献があげられる。ただ、逆に韓国における外来食の現地化については、朝倉敏夫の『日本の焼肉　韓国の刺身』(農山漁村文化協会、1994) や『世界の食文化　韓国』(農山漁村文化協会、2005) などが思い浮かぶ程度である。また一般書であるが、『Ｂ級グルメが見た韓国』(文藝春秋、1989) は「韓国」という枠外から流入した韓国の食についても紹介している。

(７) 韓福眞『私たちの生活 100年・飲食』玄岩社、2001。

(８) 文化情報誌『BESETO』が外食特集を組んでいるのが目を引く程度である。とくに中華料理の導入に関しては、同書のなかで周永河が「韓国で出会う中国・日本の食べ物」(2001) を扱っているにすぎない。

(９) 前川啓治『グローカリゼーションの人類学』新曜社、2004、43頁。

(10) 拙稿「外来食の‘現地化’過程：韓国における中華料理」『アジア遊学』77、勉誠出版、2005、では糖水肉となっていた。お詫びして訂正したい。

(11) ソウル市政開発研究院ほか『ソウル20世紀生活・文化変遷史』ソウル市政開発研究院、2001、408頁。

(12) 韓福眞『私たちの生活 100年・飲食』玄岩社、2001、322頁。

(13) ソウル市政開発研究院ほか『ソウル20世紀生活・文化変遷史』ソウル市政開発研究院、2001、399頁。

(14) 朴銀瓊『韓国華僑の種族性』韓国研究院、1986、135頁。

(15) 周永河「韓国で出会う中国・日本の食べ物」『BESETO』No.83、2001年、42頁。

(16) 朴銀瓊『韓国華僑の種族性』韓国研究院、1986、135頁。

(17) 朴銀瓊『韓国華僑の種族性』韓国研究院、1986、135-136頁。

(18) 周永河「韓国で出会う中国・日本の食べ物」『BESETO』No.83、2001年、42頁。

(19) これに関しても、拙稿「外来食の‘現地化’過程：韓国における中華料理」『アジア遊学』77、勉誠出版、2005、で写植ミスがあった。お詫びして訂正したい。

(20) 赤嶺淳「大衆化する宮廷料理」『エコソフィア』４号、昭和堂、1999、56-59頁。

(21) たとえば、無国籍料理チェーン店の「カムニャン」では、唐辛子をふんだんにつかった八宝菜に「四川八宝菜」、チキンテンダーを加えた辛めの中華風サラダを「四川テンダーサラダ」としている。

(22) これ以降、本稿で挙げている移住者数は、とくに註釈を加えないかぎり、韓国在外同胞財団ホームページ「在外同胞現況」(http://www.okf.or.kr/data/status.jsp、2006年3月28日参照) によっている。

(23) ハワイ韓人会『2003韓人録』ハワイ韓人会、2002。中央日報ハワイ『電話番号を探します：中央韓人業所録』中央日報ハワイ、2003。

(24) たとえばメディアコリアが刊行している『コリアタウン』があるが、関係者によれば、自己申告も含めて絶えず情報誌側で店舗情報を追加更新しているといい、ある程度信頼できる数値と考える。

(25) 店名で推測するしかなかったが、オーストラリア有数のコリアン・コミュニティであるストラスフィールドには３軒、同様にイーストウッドにも３軒しかなかったことから、おおよその見当でもあたっていると思われる。

(26) 尹麟鎮『コリアン・ディアスポラ』高麗大学校出版部、2004、159頁。

(27) 中華民国僑務委員会『中華民国九十二年僑務統計年報』中華民国僑務委員会、2004。

(28) 韓国中華総商会ホームページ「在外韓華」
(http://www.kccci.or.kr/work/oversea.htm、2006年 3月29日参照)。

(29) 朝鮮族ネット2005年　６月18日付「韓国のジャジャンミョン、中国に上陸」
(http://www.searchnavi.com/~hp/chosenzoku/news/050618.htm、2006年３月31日参照)。

【注・引用文献】

【第２章テーマ２】

（１）「牛肉料理」等の主食材に基づく分類は、当然のことではあるが、特定の「食文化」に属するものの状況も、超越的普遍的なカテゴリーとして用いられる状況も存在している。

（２）先進国の大都市に立地する寿司バーでの秀でた寿司ねたとしての権威は、保冷物流システムに依る築地を経由して届けられたものに与えられる傾向にある。

（３）「メキシコ料理」：ヌエバ・エスパーニャ時代から今日のメキシコ合衆国に至るまでにその領域内で形成されてきた「料理」であり、いわゆるコロンブスのアメリカ発見以前から連綿と営まれてきた先コロンビア時代の食の要素と、エルナン・コルテス率いるイベリア半島（旧大陸）からの征服者がもたらした食の要素の多様な結びつきによって形作られてきたことを最も大きな特徴とする。その他に以下の３つの特徴を指摘しうる。①多様なソース——多様な辛さを示す数種類のチリ（トウガラシ）を中核につくられるサルサ及びモーレと呼ばれるソース類。②トルティーヤとパン——トルティーヤとは、トウモロコシを石灰入りのぬるま湯にひたし、潰し丸めたもの（マサ）を手で持って、円形に伸ばして、それを鉄板等の上で焼いてつくられ、先コロンビア期より食されていた。これで肉､魚､野菜等を巻き､さらにはサルサをかけて食する。これに対してパンは、イベリア半島よりもたらされたものであり、一般に都市部中産階級以上で多く食される。③豆類とカボチャ——多種類の豆とカボチャ及びその花を先コロンビア期より食してきている。

「インド料理」：かつての英領インドの領域からビルマを除いた地理的広がりにおいて形成されてきた地域ごとの食文化に特有の「料理」の集合をもって「インド料理」とする。地域差がきわめて大きく、かつ多くの異なる食文化を有する民族が亜大陸に入り込み、適応していったのであるから共通する特徴を指摘することは難しい。しかしながら、多様な香辛料の多用、及び多彩な野菜の利用はあえて共通項と言い得る。北及び西地域は、小麦粉から作られるチャパティー、豆類のスープ（ダル）やカレーがあげられる。対して南及び東は、蒸された米（インディカ)、レンズ豆のスープ、辛いタマリンド液につけ込んだ野菜類それにココナッツが特徴的である。今日の料理に関しては、ムガール帝国によるイラン中東要素及びその後の英国支配によるヨーロッパ要素の流入が、きわめて大きな影響を与えてきている。

（４）以下では、メキシコ合衆国をメキシコと表記することにする。

（５）Valle,Victor,2000,“Mexican Cuisine: Food as Culture”(Chap.3), Valle, Victor & Rudolfo D. Torres, atino Metropolis, University of Minnesota Press, pp.67-100.

（６）ボーダーグリルホームページ（http://www.bordergrill.com/BGSM/bgsm.htm.）

（７）http:// www.santamonica.com/common/file,php/pg1/localhost72/santamonica/binaries/261/BG_Splash_Main.jpg.

（８）http://www.downtownnews.com/rg01/laserenata1.jpg

（９）http://www.downtownnews.com/rg01/laserenata4.jpg

(10)「メキシコ料理」も、翻案されてSpanish-American Cookingとして出されている。だが、大多数のロサンゼルスに住むメキシコ人は、このクックブックにおいて称賛されている隣近所でのレシピ交換といったことは不可能に隔離され接触困難な環境の下にあった。

(11) Valle, Victor,2000,前掲書。

(12) Valle, Victor,2000,前掲書。

(13) 荒川撮影（2001年9月)。

(14) http://www.squeezeoc.com/ newsimages/SqueezeOC_out/taco1.jpg

(15) http://www.iamtonyang.com/ index.php?date=040518

(16) ハウス食品ホームページ（http://housefoods.jp/data/curry/roots/curried_food.html)。森枝卓士（1989)『カレーと日本人』〔講談社現代新書937〕、講談社。及びTangam Philip(2003)” India,” Encyclopedia of Food & Culture vol.2,pp.248-267。以上を参照して、歴史的基盤、

食文化解説を執筆した。
(17) Visit London (http://www.visitlondon.com)
(18) Londontown. (http://londontown.com)
(19) Is it on isn't it? (The Chicken Tikka Masala Seory) http://www.menumagazine.co.uk/archive/philoct200103 html.
(20) 同上
(21) "The truth about tikka masala -Robin Cook thinks we're now a chicken tikka masala society. But for restaurateur Iqbal Wahhab, this bland, made-up dish represents something else entirely..." The independent (Published:24April2001) (http://enjoyment.independent.co.uk/food_and_drink/features/article240701.ece)
(22) 同上
(23) http://www.london-eating.co.uk/venues/venue.asp?venue=13
(24) Allan M. Wiliams and C. Michael Hall (2002),'1. Tourism Migration, Circulation and Mobility: The Contingencies of Time and place,' Tourism and Migration New Relationships between Production and Consumption.(ed. By Hall, C. Michael & A.M. Willimas), Kluwer Academic Publishers, pp.1-52. このような旅は、Visiting Friends and Relatives Tourismと規定され、将来的に重要な人々の移動傾向だと見なされている。

【第2章テーマ3】
(1) 猪飼野保存会『猪飼野郷土史－つるのはし跡公園完成記念』1997、90頁。
(2) 1910年の韓日併合により日本へ渡ってきた人、もしくはその子孫に対する呼称は当時から在日朝鮮人というのが一般的であったが、1948年に南北両政府が成立し朝鮮戦争を経て、日本では1964年の日韓修好条約以降、南北の激しい理念対立の中で、在日の呼称に関しては幾つかある(在日韓国人、在日韓国・朝鮮人、在日コリアンなど)。本稿では南北に分断以前の民族としての朝鮮人という意味で使用する。
(3) 朝日新聞社『アサヒグラフ』第二十一巻十九号、1933(昭和8年)
(4)「アサヒグラフ」の記事については趙博「猪飼野今昔」『曺智鉉写真集猪飼野』(新幹社、2003)、コリアタウンについては鄭雅英「路地裏から発信する文化——大阪・猪飼野コリアタウンのきのう今日」『環』Vol.Ⅱ(藤原書店、2002)が紹介している。
(5) 杉原達『越境する民－近代大阪の朝鮮人史』新幹社、1998、54頁。
(6) ここでは主に、金賛汀『異邦人は君が代丸に乗って』(岩波文庫、1985)と杉原達『越境する民－近代大阪の朝鮮人史』(新幹社、1998)の研究を参考に論じる。
(7) 金賛汀、前掲書、1985、127-133頁。
猪飼野保存会『猪飼野郷土史－つるのはし跡公園完成記念』(1997)。
(8) 在日コリアンの日常生活を知るには、次の文献を参照されたい。東遼一「地図にない町猪飼野」『月刊プレイボーイ』11月、1980。原尻英樹『在日コリアンの日常と生活文化―文化人類学的アプローチ』明石書店、1997。宋連玉「『在日』女性の戦後史」『環』藤原書店、2004。
(9) 日本の焼肉の歴史については、本書第2章テーマ1の注(6)を参照。

【第3章テーマ1】
(1) 村井吉敬『エビと日本人』岩波新書、1988はアジアにおけるエビ養殖の問題点を指摘した名著である。
(2) たとえば、グリーンピースのホームページを参照のこと。
20 Mar. 2006 <http://zerowaste.jp/campaign/oceans/development/shrimp_html>.
(3)『朝日新聞』2003年3月1日付。

【注・引用文献】

（4）ジェトロ『アグロトレード・ハンドブック2004－農林水産物の貿易』2004、679頁。武田正倫「世界のエビ類」東京水産大学第9回公開講座編集委員会編『日本のエビ・世界のエビ』（改訂増補）成山堂書店、1995、1-2頁。村井、前掲書、1988、66頁。

（5）藤本岩夫・井上爾朗・伊丹利明・永井毅『えび養殖読本』（改訂版）水産社、2004、10頁。宮内泰介『エビと食卓の現代史』同文館、1989、231頁。村井、前掲書、1988、2頁。なお、2000年のエビ輸入量について藤本他では24万6754トン、表1の作成で用いた日本水産物貿易協会作成資料（注6）では24万6821トンとなっており、67トンの差が出ている。

（6）Japan Marine Products Importers Association, n.d., *Japanese Imports of Marine Products (Statistics) 1975,* pp.6-7, *Japanese Imports of Marine Products (Statistics) 1980,* pp.6-7, *Japanese Imports of Marine Products (Statistics) 1985,* pp.6-7, *Japanese Imports of Marine Products (Statistics) 1990,* pp.6-7, 日本水産物貿易協会『水産物貿易統計2003』9頁、『水産物貿易統計2004』9頁、鈴木隆史「インドネシアのエビ漁業－日本への輸出が与えた影響」多屋勝雄編著『アジアのエビ養殖と貿易』成山堂書店、2003、29頁、宮内、前掲書、1989、230-231頁に基づいて作成。

（7）Bob Rosenberry, ed., 2005, *World Shrimp Farming 2005*, San Diego: CA, Shrimp News International, p.39.

（8）日本については、2000年のエビ国内消費量26万5473トンを同年の人口1億2700万人で除して計算。米国については、Bob Rosenberry, ed., 2002, *World Shrimp Farming 2001,* San Diego: CA, Shrimp News International, p.149による。

（9）藤本他、前掲書、2004、24-26頁。

(10) 熊谷 滋・千田哲資「ミルクフィッシュ」吉田陽一編『東南アジアの水産養殖』恒星社厚生閣、1992、10-12頁。J. Honculada Primavera, 1993, A Critical Review of Shrimp Pond Culture in the Philippines. *Reviews in Fisheries Science* 1(2), p.152. 1995, Mangroves and Brackishwater Pond Culture in the Philippines. *Hydrobiologia* 295, p.305.

(11) 本尾 洋「ウシエビ」吉田陽一編『東南アジアの水産養殖』恒星社厚生閣、1992、36頁。

(12) Primavera, 1995, 前掲論文, p.306.

(13) Simeona M. Aypa, 1999, Philippine Experience on Shrimp Culture. In *Papers Presented at the Bangkok FAO Technical Consultation on Policies for Sustainable Shrimp Culture, Bangkok, Thailand, 8-11 December 1997,* Rome, FAO, p.93.

(14) 松浦　勉「エビ生産低迷後のフィリピンにおける汽水域養殖の動向」『中央水研ニュース』32号、2003、17頁。Aypa, 1999, 前掲論文, pp.88-89.

(15) Aypa, 1999, 前掲論文, p.88, 藤本他、前掲書、2004、10頁、120頁、Rosenberry, 2005, 前掲書, p.4, 鈴木、前掲論文、2003、23頁に基づいて作成。

(16) 松浦、前掲論文、2003、17頁。

(17) Sanit Aksornkoae and Ruangrai Tokrisna, 2004, Overview of Shrimp Farming and Mangrove Loss in Thailand. In Edward B. Barbier and Suthawan Sathirathai, eds., *Shrimp Farming and Mangrove Loss in Thailand.* Northampton: MA, Edward Elgar Publishing, pp.41,43. Mark Flaherty and Choomjet Karnjanakesorn, 1995, Marine Shrimp Aquaculture and Natural Resource Degradation in Thailand. *Environmental Management* 19 (1), p.29.

(18) Aksornkoae and Tokrisna, 2004, 前掲論文, p.43. Flaherty and Karnjanakesorn, 1995, 前掲論文, pp.29-30.

(19) 馬場　治「タイ国のエビ養殖業」多屋勝雄編著『アジアのエビ養殖と貿易』成山堂書店、2003、81-82頁。

(20) 山本博史『FTAとタイ農業・農村』筑波書房ブクレット、51頁。山尾政博「アジア経済危機

と水産業－タイ水産業の成長と葛藤－」『漁業経済研究』44巻2号、1999、93頁。馬場、前掲論文、2003、82頁。

(21) 山尾、前掲論文、1999、94頁。Rosenberry, 2005, 前掲書, pp.4,223.

(22) 川辺みどり「アジアのエビ養殖」多屋勝雄編著『アジアのエビ養殖と貿易』成山堂書店、2003、6 頁。

(23) 藤本他、前掲書、2004、61-62頁。

(24) 馬場、前掲論文、2003、87頁。藤本他、前掲書、2004、60頁、62頁。

(25) J. Honculada Primavera, 1991, Intensive Prawn Farming in the Philippines: Ecological, Social, and Economic Implications. *AMBIO* 20(1), p.28. 藤本他、前掲書、2004、60頁、62頁、64頁。

(26) フィリピンについてはPrimavera, 1991, 前掲論文, p.28, Primavera, 1993, 前掲論文, p.154, タイについてはSaowanee Treaesupap and Yoshiaki Matsuda, Black Tiger Shrimp Industry in Thailand: Some Aspects in the Decade of Growth,『地域漁業研究』39巻1号、1998、165頁に基づいて作成。

(27) Made J. Nurdjana, 1999 Development of Shrimp Culture in Indonesia. In *Papers Presented at the Bangkok FAO Technical Consultation on Policies for Sustainable Shrimp Culture, Bangkok, Thailand, 8-11 December 1997*, Rome, FAO, p.72.

(28) 藤本他、前掲書、2004、65頁。

(29) Arthur Neiland, Neill Soley and Joan Baron, 1999, A Review of the Literature on Shrimp Culture. In *Papers Presented at the Bangkok FAO Technical Consultation on Policies for Sustainable Shrimp Culture, Bangkok, Thailand, 8-11 December 1997*, Rome, FAO, p.212.

(30) Nurdjana, 1999, 前掲論文, p.71.

(31) George W. Chamberlain, 1991, Shrimp Farming in Indonesia: I-Growout Techniques. *World Aquaculture* 22(2), p.20.

(32) 村井吉敬「養殖エビの時代－最新エビ事情－」村井吉敬・鶴見良行編著『エビの向こうにアジアが見える』学陽書房、1992、24頁。

(33) 末廣　昭『タイ－開発と民主主義－』岩波新書、1993、66頁、68頁。

(34) Flaherty and Karnjanakesorn, 1995, 前掲論文, p.34.

(35) 川辺みどり「アジアにおけるエビ養殖の展開と外部不経済の発生」『漁業経済研究』46巻 2 号、2001、7 頁。

(36) 鶴見良行「エビとマングローブ－新しい協力システムを求めて－」村井吉敬・鶴見良行編著『エビの向こうにアジアが見える』学陽書房、1992、28頁。Flaherty and Karnjanakesorn, 1995, 前掲論文, p.33.

(37) Flaherty and Karnjanakesorn, 1995, 前掲論文, pp.32-33. Primavera, 1991, 前掲論文, p.30.

(38) アムポン・ケウヌ「タイ国のエビ養殖とその環境への影響」(岡本雅美訳)『公害研究』21巻 4 号、1992、11-12頁、原典1991。

(39) マルタ・ヴァヌチ『マングローブと人間』(向後元彦・向後紀代美・鶴田幸一訳) 岩波書店、2005、187頁、原典1989。

(40) 井上泰子『持続可能なマングローブ林経営モデル－インドネシア共和国における事例調査に基づいたモデル－』インドネシア国林業農園省、1999、120頁。

(41) 大田克洋「熱帯林の開発と保全－マングローブ・エビ・ヒトの共生を求めて」『農業統計調査』46巻12号、1996、20頁。Flaherty and Karnjanakesorn, 1995, 前掲論文, p.31.

(42) Aksornkoae and Tokrisna, 2004, 前掲論文, pp.40-41. Treaesupap and Matsuda, 1998, 前掲論文, p.171.

(43) Primavera 1991, 前掲論文, p.29. Primavera 1995, 前掲論文, pp.303-304.
(44) 国際協力事業団『インドネシア国マングローブ林資源保全開発現地実証調査総合報告書』1999、12頁、32頁。
(45) 増田美砂「エビとマングローブ林－インドネシア、西カリマンタン州の事例より－」『熱帯林業』19巻、1990、6頁、8頁。井上、前掲書、1999、142頁。
(46) タイ・マングローブ植林実行委員会編『100万本の海の森』北星堂、2005、143頁。
(47) Aksornkoae and Tokrisna, 2004, 前掲論文, p.43.
(48) イエローヘッド病、ホワイトスポット病の詳細については藤本他、前掲書、2004、15-17頁を参照のこと。
(49) Bob Rosenberry, ed., 2003, *World Shrimp Farming 2003*, San Diego: CA, Shrimp News International, p.7. 2004, *World Shrimp Farming 2004,* San Diego: CA, Shrimp News International. p.64.
(50) Rosenberry, 2003, 前掲書, p.7.
(51) Rosenberry, 2003, 前掲書, pp.12,14. ウエスタンホワイトは日本では「バナメイえび」として販売されている。バナメイは学名*Litopenaeus vannamei*から取ったものである。
(52) Rosenberry, 2003, 前掲書, p.14. 2005, 前掲書, p.215.
(53) Rosenberry, 2004, 前掲書, pp.237,239.
(54) シドアルジョ地域のエビ養殖の詳細については多屋勝雄・川辺みどり・鈴木隆史 「『エコシュリンプ』と粗放養殖風景」多屋勝雄編著『アジアのエビ養殖と貿易』成山堂書店、2003、50-77頁を参照のこと。

【第3章テーマ2】
(1) FAO公式ホームページに記載された統計より引用。
(http://www.fao.org/es/ess/index_en.asp)
(2) このほか、ケニア人口の0.4%は、白人やアラブ人、エイシアンと呼ばれるインド・パキスタン系住民が占める（1989年ケニア人口センサス)。
(3) ギクユは、英語読みの「キクユ」(Kikuyu) で知られる人々であるが、わたしは彼（女）らの自称を尊重して「ギクユ」という名称を使用している。
(4) 忌避関係と対立する概念は、冗談関係である。冗談関係とは、隔世世代つまり祖父母と孫のあいだの親密な関係を指し、隣接世代間の厳しい忌避関係を和らげる慣行とも捉えられる。
(5) Njokah, J.1985, “Rice Production in Kenya” In International Rice Research Institute. *Rice Improvement in Eastern, Central, and Southern Africa.* Philippines：International Rice Research Institute. p.85
(6) Acland, J.D. 1971 *East African Crops*. England：Longman. p.164
(7) 国際協力事業団 1988『ケニア共和国ムエア灌漑入植地区開発計画基本設計調査報告書』29頁。
(8) 日本の援助が終了して日本人が帰国したあと、これらの施設は運営資金が回らなくなり、一部の機能を抜かして使用されなくなってしまった。
(9) Golkowsky, R.1973, "Tenant Performance and Budgets". In Chambers R. and J. Moriseds. *Mwea：An Irrigated Rice Settlement in Kenya*. Munchen：Weltforum Verlag. pp.186-208. p.188
(10) わたしが2000年2月に開拓村を訪れたとき、村のある青年がこのような問題を抱えていた。青年は、過去1年間、父親の水田での仕事を手伝ってきたが、コメの収穫期を迎えた2月になっても十分な労働対価を与えられなかった。そのため、父親との言い争いが増え、問題は解決されないのだという。こうした父親と息子の衝突を訴えるケースは、増加している。
(11) ワラを用いた堆肥の作り方は、日本人専門家が伝授したことだという。日本人専門家はさらに、

カモを田へ放って食用にもできると宣伝したが、カモを食べる慣習のない地元社会には根付かなかった（国家灌漑公社の広報官より）。

(12) Shumacher, E. F. 1973, *Small is Beautiful*：*A Study of Economics as if People Mattered*. Muller, Blond & White.（小島慶三ほか訳『スモール・イズ・ビューティフル：人間中心の経済学』講談社、1986）

(13) 人間中心主義は、その後、多くの社会科学者の思想や国連開発計画の「人間開発指標」にも影響を与えた。cf.鶴見和子・川田『内発的発展論』東京大学出版会、1989。アマルティア・セン『不平等の再検討』岩波書店、1999。

(14) ドイアル、レズリー『健康と医療の経済学－より健康な社会をめざして』（青木郁夫訳）、法律文化社、1990、273頁。

(15) Ishii, Y.1997, "Birth Control and Reproduction in the Kikuyu Society：The Case from Murang'a District in Kenya" *African Study Monographs*. 18 (3-4), pp.191-201.（京都大学アフリカ地域研究センター）、石井洋子「避妊知識の生成と伝達－キクユ社会における家族計画の受容をめぐって」『社会人類学年報』25,147-166頁、弘文堂、1999。

(16) ラミス、ダグラス『経済成長がなければ私たちは豊かになれないのだろうか』平凡社、2000、128頁。

(17) 荒木美奈子『女たちの大地』築地書館、1992。

(18) 朝日新聞 2005年7月9日「アフリカ支援、G8サミットで倍増」。